# 租税法修士論文 の書き方

細川　健【著】

東京 白桃書房 神田

# はじめに

　この本は，多忙な社会人大学院生を対象に，租税法修士論文（以下「修士論文」といいます。）の書き方をまとめたものです。大学卒業後すぐに大学院に入学し，修士論文の作成を目指す方々はもちろん，学部の学生，税理士，国税職員等で修士論文の作成を目指す方々，とりわけ，修士論文の作成指導に，日々，悪戦苦闘している研究者，税理士の方々にも，是非，読んでいただきたいと思います。

　筆者は，長年，社会人大学院生中心の会計大学院等で修士論文の作成指導をしてきました。この本は，入学から2年弱という限られた時間で，いかにして，第三者の論文審査に堪えられる，質の高い修士論文を，システマティックに作成するかという視点で記述されています。

　1では，「修士論文のテーマ　選択方法と引用文献等の探し方と読み方」を取り上げています。修士論文作成の基礎になるテーマの選択方法，良質な先行研究の探し方を記述しました。

　2では，交際費課税制度，重加算税制度及びタックス・ヘイブン対策税制を題材にして，「序論　フォーマットとその具体的な書き方」を示してあります。修士論文のクオリティは序論によって9割が決まると言っても過言ではありません。修士論文の設計図である序論をどのように作成していくか，そして，序論の典型的なフォーマットはどのようなものであるかを3つの具体例を挙げて記述しました。さらに，序論作成の前提になる修士論文の全体構造，具体的な目次の作成方法及び引用方法にも言及しています。また，序論の書き方とそのフォーマットは大学院入学前又は入学直後に作成する研究計画書の書き方とそのフォーマットと読み換えていただいても結構です。

　3では，社会人大学院生からの質問が最も多い，「判決文等　最も確実なまとめ方」を記述しています。

　4では，修士論文の鍵になる「先行研究　最も確実なまとめ方」を記述し

ています。これも，「判決文等　最も確実なまとめ方」と同様に，社会人大学院生から質問を多々受ける事項です。

　5では，双輝汽船事件（タックス・ヘイブン対策税制）を題材にして，「結論・要旨の書き方」を具体的に記述し，修士論文の最終的なチェック方法を示しました。

　6では，「修士論文作成上の基本ルール」を記述しました。実際に修士論文を作成する際に，辞書的に参照していただきたいと思います。もちろん，各大学，大学院に論文の作成要項がある場合はそれにしたがってください。

　7では，「修士論文の執筆上の注意点」として，筆者がこれまでに行ってきた実際の社会人大学院生との質疑応答を基礎にして長い時間をかけて累積した注意点をまとめました。修士論文を作成する上での，最低限の留意事項がまとめられています。時間のない方々は，2，6及び7をお読みください。

　最後に附録として，租税法論文「役務提供に係る原価の交際費等非該当性と交際費等の判断基準の明確化—オリエンタルランド事件の交際費等分析フレームワークによる検討—」を掲載しました。オリエンタルランド事件は，納税者が全面敗訴したことから，社会的影響の非常に大きい事件です。読者の皆様の参考になるように，交際費等分析フレームワークを用いた交際費等の課税要件の明確化の方法論を示してあります。附録に掲載されている租税法論文の記述方法は，論文の対象と目的の設定等，この本で説明したとおりに記述されています。ただし脚注の付け方については，あえて，6の「修士論文作成上の基本ルール」とは違う方法を用いていますので御注意ください。

　なお，本書の記述はマイクロソフト社の文章作成ソフトであるワードの利用を前提としています。また，筆者が使っているマッキントッシュの最新機器の操作に合わせた説明になっています。それ以外のソフト，機器をお使いの場合は，適宜読み換えてください。

　私が単著を出版するのは，丁度20年ぶりになります。この20年，本当にいろいろなことがありました。私を長い間支えてくださった山口不二夫先生，校正を手伝ってくれた妻の洋子，飼い猫の TAX に，この場をかりて深く感謝します。

2020年1月27日

細川　健

# 目　次

　租税法論文

「役務提供に係る原価の交際費等非該当性と交際費等の判断基準の明確化

　─オリエンタルランド事件の交際費等分析フレームワークによる検討─」

# 1　テーマ
# 選択方法と引用文献等の探し方と読み方

## この章で学ぶこと

　長年，修士論文の作成指導をしていると，修士論文テーマの選択に失敗し，修士論文作成が長く停滞している方々を大勢目にします。修士論文の執筆途中，それも1年以上が経過した段階になってから自分の中で論理が破綻してしまい，にっちもさっちも行かなくなっている方々も実際にいます。社会人大学院生と修士論文の指導教員との共通目標は，2年間弱という限られた時間で，大学関係者以外の第三者の審査にも十分堪え得る，レベルの高い修士論文を記述することにあります。そこでこの章では，修士論文を作成するための重要な第一歩である，修士論文のテーマの決め方，その引用文献及び参照文献（以下「引用文献等」といいます。）の探し方・読み方の明確化について学びます。

　なお，本書においては引用文献等の読み方を3つ（多読法，通読法及び精読法）に分けて説明していますが，一般的には異なる方法論が存在します。したがって，上記分類はあくまで筆者の分類と考え方にしたがって記述したものであることを申し添えます。

## (1)　どのようにして修士論文のテーマを選択するか

　基本的には，修士論文の指導教員と相談しながら，興味のあるもの，自分が書き易いと思うテーマを複数選択し，リサーチを重ねながら絞り込みをするのが一番望ましい方法です。加えて，2年間という限られた時間で質の高い修士論文を作成するという最終目標を考えると，指導教員にも確立した安

全な方法論を提示する必要と義務があるようです。


## (2) 安全かつ確実な修士論文のテーマの決め方

　筆者がお勧めしたい方法は，『税務大学校論叢』，『税大ジャーナル』（税務大学校）及び『租税研究』（日本租税研究協会）のバックナンバーから，最低でも２本は共通のテーマとして選択されている題材を探して，それを自らのテーマとすることです。筆者の経験上，これが最も安全かつ確実な修士論文のテーマの決定方法だと思われます。とりわけ，国税職員により執筆された『税務大学校論叢』のような分厚い先行研究が複数あるような題材であれば，それに沿って読み進めるうちに，先行研究者のたどった思考過程をトレースするような形で論文執筆にスムーズに入ることができます。この方法にしたがえば，非常に外れが少なく，１年間以上取り組んだ段階になってから論理破綻等が生じるような事態は起きにくいと考えます。

　また，自分の論文の骨子になりそうな論文が『税務大学校論叢』の中に１つでも見つかれば，その論文の構成と要素（重要な論点，キー・フレーズ）に徹底的に基づいて記述していく，元になる論文の全部又は一部を膨らませる，元になる論文の解説書を作るような方向性で記述するというのも１つの方法です。その場合には，その論文がいかなるものであるかを冒頭に示すために，例えば，「本論文は，小山真輝 . 2009.「配当に関する税制の在り方―みなし配当と本来の配当概念との統合の観点から―」.『税務大学校論叢』. 第62号（以下「小山真輝（2009）」という。）に全面的に依拠して執筆される。」と明確にうたう必要があります。

　同様に，下記のように，定評のある教科書の全部又は一部に全面的に依拠して執筆するのも良いでしょう。もちろん，元論文（引用文献等）を適切に引用した上で自分の意見等を中心に修士論文を記述するべきであることは，言うまでもありません。

---
【記載例１】

　本論文は，太田達也 . 2009.『役員給与の実務完全解説―法律・会計・税務のすべて』. 税務研究会出版局（以下「太田達也（2011）」という。）のうち，役員給与の税務を執筆した部分に全面的に依拠して執筆される。
---

┌─【記載例2】───────────────────────────
│　本論文は，八ッ尾順一 . 2007.『交際費─税務処理・申告・調査対策（法人税実務問題
│シリーズ）』.（以下「八ッ尾順一（2007）」という。）のうち，交際費等と寄附金等との
│区分を執筆した部分，具体的には八ッ尾順一（2007）第○章から第○章に全面的に依拠
│して執筆される。
└─────────────────────────────────

## (3)　論理破綻に陥り易いパターン

　次に，最も論理破綻に陥り易い場合についてお話しします。修士論文が論
理破綻に陥るパターンには，大きく分けて3つあると考えられます。

表1－1　修士論文が論理破綻に陥るパターン

| その1 | ウェブ上の劣悪な資料を参考にしてしまう |
|---|---|
| その2 | 先行研究の少ない特殊なテーマを選択してしまう |
| その3 | 依拠する先行研究が論理的に破綻している |

（表は筆者が作成）

　まず1つ目のパターンです。修士論文のテーマにしようと考えて，イン
ターネットで引用文献等を探していると，租税法論文らしきPDF資料にし
ばしば行き着きます。その中には，租税法の専門家を自称する方々による
宣伝目的，自己顕示目的のPDF資料が多々散見されます。つまり，修士論
文の先行研究及び元資料としてはふさわしくないような質の劣悪なものが，
ウェブ上を中心に，巷には溢れているということです。そのようなウェブ上
の劣悪なPDF資料を参考にしてしまうと，当然ながら，良い修士論文を記
述することはできません。

　次に2つ目のパターンです。「法人税法の不法行為による損害賠償請求権
の帰属時期」や「DESの債務消滅益の計上」のような先行研究の少ない特
殊なテーマを選択した場合について説明します。こういった特殊な題材を選
んだ場合には，元論文（引用文献等）が租税法ではなく民法の，それも少数説
に依拠して記述されていることがあります。そのような論文には，執筆者が
題材について詳しくない初学者であることから，場合によっては最初から論
理破綻しているように見受けられるものも少なからずあります。そもそも，
民法の少数説に依拠している等の理由により，元論文のロジックに論文とし
ての整合性が乏しい恐れがあるわけですから，それを自分の修士論文の骨子

に据えて執筆作業を進めていても，修士論文のまとめに該当する結論の部分をなかなか執筆できず，最終的に結論の執筆に大変な苦労を強いられ，場合によっては全面的に書き直しという事態に陥ることもあり得ます。元論文のロジックがそれなりに整合性を有するものであったとしても，元論文の執筆者各人が取り上げている要素（重要な論点，キー・フレーズ）がそれぞれの元論文で微妙に違っていて，元論文の構成も異なっていることから，それらを整理し1つの論旨展開としてまとめるのは困難であり，最終的に良い修士論文ができにくく，結果として，論理矛盾を起こして行き詰まってしまうことが多々あるのではと考えられます。

　最後に，3つ目のパターンです。当初に選択した先行研究に全面的に依拠して修士論文を執筆する方法を選んだ場合に，その先行研究の質が悪くて論理破綻していたときにも同様のことが生じます。そのことに気付かないままに執筆を進め，修士論文作成の終盤に差し掛かって論理が破綻していることが分かっても，そこから修正をしていくことは難しいでしょう。そのような事態を防ぐためにも，「良質な先行研究との出会い」が修士論文のすべてを決めると言っても過言ではありません。


## ⑷　テーマ選択のその他の方法

　『別冊ジュリスト』，『月刊　税務事例』，『税務弘報』，『税理』及び『税務通信』等の租税法専門誌のバックナンバーを斜め読みして，「交際費課税特集」，「寄附金課税特集」及び「移転価格税制特集」といった特定のテーマの特集のうち，興味がわくもののコピーを取り，PDF資料化して，集中的に読んでみるのも良いと思います。

　また，例えば交際費課税をテーマに選んだ場合に，八ツ尾順一又は渡辺充が記述している交際費課税に関係する論文をすべて精読し，彼らのロジックに沿って，他の論者の議論を，裁判例ごとに比較しながら記述するというのも，修士論文作成の1つの方法かと思います。

　以下，『税務大学校論叢』，『税大ジャーナル』及び『租税研究』（日本租税研究協会）から複数の先行研究を選択し，そのテーマに基づいて修士論文を作成する場合について説明します。

## ⑸　選択したテーマの基本的な引用文献等の集め方

　テーマが決まり，複数の先行研究を選択した後は，①複数の先行研究が挙げている引用文献等を確保してコピーし，②収集した引用文献等はPDFファイルを作成し，③引用文献等にアンダーラインを引きながら少しずつ読み込みましょう。そうすることによって，複数の研究者がどのような思考過程をたどったのか，共通のテーマでありながら，何故，研究者によって議論の展開が異なるのか，場合によっては議論の内容が対立しているかを探ります。その際には，複数の引用文献等がどのような先行研究に基づいて議論をしているのかを確実に，丁寧に探ることを心がけましょう。また，それぞれの先行研究を選択した理由も忘れずに記述してください。複数の先行研究の思考過程を探ることにより，それぞれのテーマにおける「元になる重要な先行研究の論点は何か」を探していきます。そうすると，意外にもそれぞれの先行研究における重要な論点は共通していることが判明することがあります。場合によっては，先人の代表的な先行研究を，複数の研究者が焼き直し，引き直しをしているにすぎないこと等に気付かされる場合もあるでしょう。このときに，集めた先行研究のファイルは，執筆者，発行年及びテーマにしたがって統一的に名前を付けた上で，そのファイルをコンピュータや外付けのハードディスク・ドライバ等の機器に収納し，管理する必要があります。

　修士論文は，基本的には「金子宏（2019）によれば……」「金子宏は……と述べる。（金子宏，2019，p.122）」のように，収集した先行研究の引用を行いながら記述していきます。そこで，収集した先行研究の該当するページの余白，別途作成したノート又は文献読解カード等に，その先行研究における引用文献等の名称を，例えば，「金子宏（2019）」等の形で直接記入することにより，複数の先行研究が使用している引用文献等を有機的，組織的に結び付ける作業を行います。

　具体的には，文献読解カードとして，Ａ6サイズ（Ａ4の4分の1の大きさ）のカードを作成し，引用文献等の情報を記入します。文献読解カードの内容としては，引用文献等の著者名，出版年，本の場合は出版社名（雑誌の場合は雑誌名），ページ数（pp.14-22等），主要論文からの出典の有無及び引用文献等のテーマとその骨子を記入します。文献読解カードを作成することにより，

自分の修士論文のテーマと，そのテーマに関する主要な先行研究が使用している引用文献等の関係が明確になるでしょう。

表1－2　文献読解カード（A6サイズ）の例示

| 著者名：<br>細川健 | 出版年：<br>2017年 | 論文名：<br>「論説　役務提供に係る原価の交際費等の判断基準の明確化―オリエンタルランド事件の分析を中心に―」 |
|---|---|---|
| 出版社名<br>(又は雑誌名と巻号数)：<br>『税法学』. 第578号 | 頁数：<br>pp.171-194. | 主要論文からの出典の有無, 著者名, 論文名及び引用頁数：<br>有・無<br>著者名, 論文名：<br>引用頁数： |
| 論文のテーマとその骨子：<br>・役務提供に対応する原価は交際費等に該当しない<br>・接待等を起因とする現金の出捐がない限り，交際費等該当性は満たされない<br>・交際費等は交際費等分析フレームワークにしたがって判断するべきである<br>・最終的にはその他の要素の役割，重要性及び3つの基準との関係を明らかにする | | |

（表は筆者が作成）

## ⑹　先行研究及び元資料の読み方には3つの方法があること

　私の理解では，先行研究及び元資料の読み方には大きく分けて3つの方法があります。テーマを決める前は，多読法が好ましいと考えますし，テーマが決まってからは，多読法を中心にして，重要な先行研究及び元資料については通読法と精読法を併用するのが望ましいと言えます。

　以下に，多読法，通読法及び精読法を詳しく説明します。

イ　先行研究及び元資料の繰り返しの通読―多読法―

　一般的には，数多くの文献を読み進めていくことを多読法と呼ぶようですが，ここで著者がお勧めしたい多読法とは，先行研究及び元資料の全体像を把握するために，文字どおり，先行研究及び元資料を何度も繰り返して多く読む方法です。先行研究及び元資料の構成と要素（重要な論点，キー・フレーズ）を確認しながら，気になった部分，重要と思われる部分にマーカーをしながら読みます。場合によっては，引用文献等の全体の読み込みに終始することもありますが，ここでは，これを多読法と呼びます。

ロ　重要な要素（重要な論点，キー・フレーズ）の確認・書き出し―通読法―

　次に，引用文献等の余白，ノート又は文献読解カードに重要な要素（重要な論点，キー・フレーズ）を書き出しながら多数の元論文を読んでいく方法があります。ここでは，これを通読法と呼びます。

ハ　＜小見出し＞の書き出しによるパラグラフごとのまとめ―精読法―

　3つ目として，引用文献等の余白，ノート又は文献読解カードに重要部分を書き出してみつつ，＜小見出し＞を付けながら「パラグラフごとのまとめ」を行い，なるべく丁寧に読む方法があります。ここでは，これを精読法と呼びます。この精読法のうち「パラグラフごとのまとめ」とは，修士論文の鍵になるブロック引用（佐渡島紗織＝吉野亜矢子，2008，pp.72-79）の形式，①導入部分，②＜小見出し＞の記述，③引用部分の書き写し，④引用部分のまとめ及び⑤自分の意見のうち，④の部分に該当すると考えてください。

---
【ポイント】
・骨子になる元論文を探る（多読法，通読法及び精読法を使い分ける）
・複数の先行研究とその引用文献等を有機的，組織的に結び付けることを考えながら読む
・文献読解カードを活用して，複数の先行研究とその引用文献等を結び付ける
・多読法とは，論文の構成，重要な要素（重要な論点，キーフレーズ）を確認しながら全体像の把握をすることを目的に読む方法
・通読法とは，引用文献等の重要な要素（重要な論点，キーフレーズ）を書き出しながら読む方法
・精読法とは，引用文献等の重要部分を書き出しながら，＜小見出し＞を付しつつパラグラフごとのまとめを行う方法
---

## (7)　引用文献等の収集とファイル名の付け方

　収集した引用文献等のコピーは PDF 資料化し，統一的な形式でファイル名を付けます。論文の執筆者とそのテーマを軸に，自分のデータ・ベースを作っていくような意識を持ちましょう。そして自分の修士論文の巻末に「引用文献リスト」と「参照文献リスト」を作成し，とりあえず，収集した引用文献等を「参照文献リスト」に入れていきます。そして，本文にそれを引用するごとに，「参照文献リスト」から「引用文献リスト」に移していきましょう。

　次に引用文献等の具体的なファイル名の付け方を説明します。引用文献等のリストは，ファイル名を元に修士論文の巻末に記載していきますが，引用文献等のリストの記述方法は「6　修士論文作成上の基本ルール」で説明します。

## ⑻　引用文献等のファイル名の具体的な付け方

### イ　論文の場合

「著者名 . 発行年 .「論文名」.『収録雑誌名』. 巻号数 . 頁数 .」

―【記述例】―
安藤元久 . 1969.「資産合算制度に関する一考察」.『税務大学校論叢』.
第 2 号 . pp.177-252.

### ロ　単行本の場合

「著者（編者）名 . 発行年 .『書物名（あれば副題）』. 第○版 . 発行所 . 頁数」

―【記述例】―
金子宏 . 2019.『租税法』. 第23版 . 弘文堂 . pp.120-135.

### ハ　単行本に収録された論文（又は単行本の第○章を論文扱いする）の場合

「論文著者名 . 発行年 .「論文タイトル」. 単行本の編者名 .『収録書物タイトル』. 第○版 . 発行所 . 頁数 .」

―【記述例】―
岡村忠生 . 2007.「有利発行課税の構造と問題」. 岡村忠生＝髙橋祐介＝田中晶国編 .
『新しい法人税法』. 有斐閣 . pp.253-284.

### ニ　コンメンタールの場合

「著者（編者）名 . 発行年 .『書物名（税目を含む)』. 発行所 . 頁数 .」

―【記述例】―
武田昌輔 . 1979.『DHC コンメンタール　法人税法』. 第一法規出版 . pp.50-75.

### ホ　判例データベースから引用する場合

「判決法廷判決日（事件番号）事件名（一般化している通称)」（【データベース名】【文献番号】【データベース閲覧日)）」

―【記述例】―
・最高裁判所平成21年12月 3 日第一小法廷判決（平20（行ヒ）43号）法人税更正
処分取消等請求事件（○○事件)【データベース名】Westlaw Japan【文献番号】
2009WLJPCA12039004【データベース閲覧日】平成27年 1 月24日
・論文の中で引用する場合には【データベース閲覧日】を【データベース名】,【文献
番号】と共に脚注表示する

## ⑼　引用文献等の集め方

　国会図書館の登録利用者カードを作成し，読みたい先行研究及び元資料を郵送又は国会図書館内で直接請求するのが基本的な方法です。しかしながら，国会図書館は閉架式になっていて，重要だと思う先行研究及び元資料を直接閲覧することができません。また，郵送されてくるコピーの画質は，必ずしも良いとは限りませんし，先行研究及び元資料の１頁がＡ４サイズで１枚に収まるという引用文献等の理想形でコピーされているとは限りません。

　対象となるのが東京近郊の方々に限られてしまうかもしれませんが，ここで皆さんにお勧めしたいのは，品川区大崎の日本税務研究センターと中野区方南町の租税資料館です。これらはどちらも，租税法関係の資料を豊富に収蔵している専門の図書館と資料館になります。何度も日本税務研究センターと租税資料館に通い，引用文献等を丁寧に収集する作業を続けていると，自らの選定したテーマの土地勘的なものができ上がります。


## ⑽　具体的にどのような引用文献等を集めるべきか

　例えば『税務大学校論叢』に収録されているものの中に，修士論文の指導教員と一緒に選択した良質な先行研究があって，それに依拠することが決まっているような場合は，その良質な先行研究の引用文献等を次々と取得することができます。

　一般論としてお勧めしたいのは，金子宏 . 2019.『租税法』. 第23版 . に通底している増井良啓，佐藤英明，浅妻章如及び渕圭吾等が書いた先行研究を中心に据え，その他の研究者，とりわけ税理士，弁護士等の実務家が執筆した論文はあくまで，参照文献にする方が良いと考えます。

　また，武田昌輔 . 1979.『DHC コンメンタール　法人税法』. 第一法規出版 . と『改正税法のすべて　○○年度版』. 大蔵財務協会 . の該当部分も必須な引用文献等です。交際費課税，寄附金課税，移転価格税制等，選択したテーマの分野によっては，小原一博 . 2016.『法人税基本通達逐条解説』. ８訂版 . 税務研究会出版局 . 又は大澤幸宏編 . 2014.『法人税関係　租税特別措置法逐条解説』. 平成26年３月１日現在版 . 財経詳報社 . の該当部分は必須の引用文

献等になります。これに金子宏．2019.『租税法』．第23版．弘文堂．を加えて，基本文献３点セット，４点セットととらえて，修士論文を執筆していきます。

## ⑾　章・節構成と結論のイメージと具体的な作成

　修士論文のテーマを決める段階で，修士論文の章・節構成と結論のイメージがおおむねできていないと良い修士論文は作成できません。具体的には，第１章の序論を作成する過程で，①修士論文の対象と目的を明確にし，②修士論文作成の社会的背景及び経済的背景を述べ，③筆者自身の問題（意識）を提示し，④修士論文作成の方法論を具体化し，⑤章構成に加えてできれば節構成まで明確にしていきます。初期の段階で修士論文の章構成・節構成の大まかな結論ができ上がっている方がその後の執筆作業を円滑に進めるためにも望ましいと言えますし，テーマ選定時に具体的な章構成・節構成と結論のイメージが固まっていないと，多くの場合良い修士論文にはなりません。私自身の経験からも，テーマ設定の段階で見えた結論までの道筋のイメージ以上のものは，いくら努力してもまとまりのある論文として執筆することはできないとはっきり言えます。

## この章のまとめ

　修士論文のテーマは，一度選択するとなかなか変更は難しいと思います。テーマを決めるときには，そのテーマに興味があるか，そのテーマに関する実務に自身が携わったことがあるか，イメージとして結論をどのように組み立てるか，具体的な章構成・節構成をどのように組み立てるか，依拠する信頼性の高い，良質な先行研究が複数あるかを総合的に考慮して決める必要があります。

　繰り返しになりますが，社会人大学院生と修士論文の指導教員との共通目標は２年間弱という限られた時間で，大学関係者以外の第三者の審査にも十分堪え得る，レベルの高い修士論文をシステマティックに記述することにあります。そのための最短の，最良の道を考えましょう。

　最後に，『税務大学校論叢』等に複数の分厚い先行研究が２つ以上あるも

のを選択すること，『税務大学校論叢』等に収録されている特定の論文に依
拠して修士論文を作成することの安全性，確実性を再度強調しておきます。

# 2 序論
# フォーマットとその具体的な書き方

## この章で学ぶこと

　この章では序論のフォーマットとその具体的な書き方を学びます。

　論文を執筆する学生が多い大学及び大学院では序論の明確なフォーマットが決められている場合が少なくありません。仮に，明確なフォーマットが決められていないとしても，提出するべき修士論文のうち，①表紙，②論文要旨，③はじめに，④目次，⑤凡例，⑥第1章（序論）及び⑦最終章（結論）については，ありとあらゆる修士論文に共通のフォーマットが存在すると考えられます。その中で修士論文執筆の核になるのが第1章（序論）のフォーマットです。

　「修士論文の序論等は必ずこう書くべき」又は「修士論文の序論等のフォーマットはこうあるべき」ということではありませんが，この章で示す序論のフォーマットにしたがって修士論文を書き進めることにより，「自身が執筆したいこと」や「修士論文の構成と要素（重要な論点，キー・フレーズ）との関係」が明確になり，結果として修士論文の要素（重要な論点，キー・フレーズ）同士が論文の構成にしたがって論理的に組み立てられることになります。序論の段階でこのようなしっかりとした構成を構築することで，その後に本文作成を始めた際に，具体的な記述がスムーズに行えるようになっていることを実感していただけるのではと思います。

　筆者としては，入学前又は入学直後に作成する修士論文の研究計画書も，この章で紹介する「序論　フォーマットとその具体的な書き方」を基に記述することをお勧めします。

肝心なのは，良質な先行研究をできるだけたくさん集め，それらの良質な先行研究を読みながら修士論文のテーマを決定し，章構成と節構成を決めていくことです。良質な先行研究を熟読し，序論の章構成と節構成をじっくりと，丁寧に記述した方々は，ほぼ確実に，その後の修士論文を順調に書き進めることができます。そのことは，筆者の過去の修士論文作成の指導経験から明らかです。修士論文は，序論の作成によりその品質の９割が決まると言っても過言ではありません。

## (1)　修士論文の全体構造の提示

　序論フォーマットと序論の書き方を説明する前に，まず，その前提になる修士論文全体の構造を示します。

　論文のうち，①表紙，②論文要旨，③はじめに，④目次，⑤凡例，⑥第１章（序論）及び⑦最終章（結論）はそれぞれの大学及び大学院でそのフォーマットが決まっている場合が多いと言えます。それらを含めた修士論文の全体構造は下記の通りです。そして，修士論文の核になるのが修士論文の全体構造を表す第１章（序論）のフォーマットとその書き方です。

```
┌─【記述例】─────────────────────────────
│　・表紙
│　　修士論文の題目，学籍番号及び名前をフォーマットにしたがって記述し，副題は全
│　　角のダッシュ（「―」）で囲む
│　＜改ページ＞
│　・論文要旨
│　＜改ページ＞
│　・はじめに
│　　修士論文執筆の経緯，担当教員等への謝辞を記述
│　＜改ページ＞
│　・目次
│　　章・節の構成が明らかになるように，本文と連動した目次を作成し，ナビゲーショ
│　　ン・ウインドウで章と節の構成を常に表示し，構成を確認しながら執筆を進める必
│　　要あり
│　＜改ページ＞
│　・凡例
│　　はじめに，目次及び凡例のページ番号はローマ数字（大文字）ⅠⅡⅢ，第１章
│　　（序論）以降は算用数字でページ番号を付す
│　＜セクション区切り＞
│　・第１章（序論）
│　・第２章……
│　・第３章……
│　・第○章……
│　・最終章（結論）
└───────────────────────────────────
```

## (2)　第1章（序論）の役割と序論の作成上の注意事項

　次に，修士論文の核になる第1章（序論）の役割と作成上の注意事項を説明します。修士論文のテーマと要素（重要な論点，キー・フレーズ）との関連を考えながら，修士論文の構成を考えていきます。このとき，最低でも章・節構成，できれば項構成を考えて，序論作成と同時に目次を作成していきます。そのためにはなるべく早い段階で，「修士論文の対象と目的」，「リサーチ・クエスチョンは何か（問題（意識）は何か）」及び「大まかな結論」を明確化する必要があります。

　修士論文の中で第1章（序論）のフォーマットと書き方は核になると記述しました。それでは，第1章（序論）の具体的な役割はどのようなものなのでしょうか。そして，第1章（序論）を記述するためにどのようなことに注意するべきなのでしょうか。以下，箇条書きにより第1章（序論）の役割と作成上の注意事項について説明します。なお，太字で示している部分が，第1章（序論）の具体的記述内容になります。

---【ポイント】---
- ・序論は修士論文の設計図の役割を果たすことに留意する
- ・論文の設計図を第1章（序論）で必ず記述する
- ・少なくとも章・節構成，できれば，それに加えて項構成を示す
- ・序論作成と同時に目次を作成
- ・修士論文の題目と要素（重要な論点，キー・フレーズ）との関係，要素（重要な論点，キー・フレーズ）同士の繋がりを意識して論文の概略を記述する
- ・核になる複数の良質な先行研究の選定と読み込みができないと序論は作成できない
- ・ある程度の結論（大まかな結論）が見えないと，序論は作成できない
- ・序論の書き方は入学前又は入学直後に作成する研究計画書の書き方と読み換えることも可能

## (3)　括弧引用（キーワード引用）とブロック引用の説明

　序論の具体的な書き方を提示する前に，修士論文を執筆するために必須である括弧引用とブロック引用（佐渡島紗織＝吉野亜矢子, 2008, pp.72-79）の説明をします。修士論文の中に引用文献等からの引用を行う主な方法には，括弧引用（キーワード引用）とブロック引用の2つがあります。つまり，引用文献等の中から，その主張の核心になる部分を抜き出す際にどのような形で引用を

行うかは，大まかに言うと，括弧引用（キーワード引用）とブロック引用に分けられます。

　括弧引用（キーワード引用）は，本文中に引用部分をそのまま挿入する形で示します。その際に，引用部分を明確に区別するために括弧（「　」）で括って示しますので，この呼び名があります。一方のブロック引用は，引用元になる先行研究及び元資料から一段落の文章等を固まり（ブロック）のまま切り出して，そのまま論文に貼り付ける方法です。その際に，引用部分を明確にするために，通常は前後に１行の空白行を挿入すると同時に，引用した個所はインデントを３文字下げて表示します。引用部分をブロックとして表示するので，ブロック引用と呼ばれます。当然ですが，どちらの引用方法であっても，引用部分の文章を一言一句たがえずに引用しなければなりません。

　ブロック引用は，特にその引用部分を強調したいときに用いるというのがその本来の目的であるとされますが，皆さんが修士論文を執筆するに当たって，２つの方法のどちらを用いるかは，引用する文章の長さで決まります。具体的には，引用部分が３行以下であれば括弧引用，３行を超える場合にはブロック引用を行います（佐渡島紗織＝吉野亜矢子, 2008, p.75）。

---

**【ポイント】**

- 引用には括弧引用（キーワード引用）とブロック引用（佐渡島紗織＝吉野亜矢子, 2008, pp.72-79）がある。
- 括弧引用（キーワード引用）は，引用部分を明確に区別するために括弧（「　」）で括る
- ブロック引用は，引用文献等から一段落の文章等を固まり（ブロック）のまま切り出して，そのまま論文に貼り付ける方法をいう
- 引用部分が３行以下であれば括弧引用，３行を超える場合にはブロック引用を行う（佐渡島紗織＝吉野亜矢子, 2008, p.75）

---

## (4)　具体的な序論の書き方　その１（交際費課税制度を用いた説明）

　以下に，具体的な序論の記述方法を，序論を構成する項目ごとに＜小見出し＞を用いて説明します。そして，序論記述の留意点を箇条書きにして示します。皆さんが書かれる序論の中では，最終的に＜小見出し＞は削除してしまっても結構ですが，＜小見出し＞を付けることには，それぞれのパラグラフの記述すべき内容が明確になり，＜小見出し＞の間の繋りが確認でき，修士論文の執筆にリズムが出てくるという効果があります。これは，修士論文

の本文の記述全般にも同様に言えることです。

## ＜修士論文の対象と目的＞

　最初に，皆さんが書こうとしている修士論文の対象と目的を簡潔に述べる必要があります。ここでは，研究テーマが交際費課税制度である場合を例に説明します。まず，修士論文の対象ですが，「本論文の対象は交際費等を規定する租税特別措置法第61条の4である。」と明確に述べる必要があります。

---
【ポイント】
- ・「本論文の対象は交際費等を規定する租税特別措置法第61条の4である。」と明確に述べる
- ・条文，法人税基本通達番号及び租税特別措置法関係通達番号等を必ず入れ，省略せずに記述する
---

　「修士論文の目的」は，例えば，交際費課税制度について記述するのであれば，「交際費等の課税範囲を明確化すること」なのか，「交際費等と隣接費用との区分の基準を明らかにすること」なのか，「交際費等の課税要件を明らかにすること」なのか又は「交際費等の3要件説の正当性を明らかにすること」なのか，序論作成段階で修士論文の担当教員と一緒に十分に練り，明確にすることが必要です。「修士論文の目的」は，「リサーチ・クエスチョン」と並んで修士論文の序論を作成するに当たっての最も重要な部分です。

---
【ポイント】
- ・「本論文の対象は……である。」と言い切る
- ・「本論文の目的は……である。」と言い切る
---

## ＜修士論文の社会的・経済的背景＞

　あくまでイントロダクションであることを意識して，導入部分は日本経済新聞を読むような社会人に理解できるように記述する必要があります。

---
【ポイント】
- ・租税法の専門家としての議論は，いきなりではなく，少しずつ入る
- ・徐々に，冗長にならないように租税法の専門家としての議論を行う
- ・条文，法人税基本通達番号及び租税特別措置法関係通達番号等を必ず入れ，省略せずに記述する
- ・分量的に1段落3～4行（多くても5～6行）で収める
---

## ＜リサーチ・クエスチョンの提示（問題意識の提示）＞

　いわゆる「リサーチ・クエスチョン」（以下「RQ」といいます。）の提示をし

ます。RQというと難しく聞こえるかもしれませんが，言い換えると「あなたの書きたいことは何か」を最終的に一言で言える必要があるということです。このRQは，修士論文の目的とも深く関係します。

---【ポイント】---
・修士論文作成により解明したい事項は，そんなにたくさんはない
・RQが決まらない場合は，なかなか論文作成に入れない
・修士論文では，しっくり来ないRQは基本的に避ける
・RQを修士論文の指導教員，学外の第三者を含めた，読み手の関心を引き付けられるように記述することが重要
・いわゆる「ツカミ」はOKか？ RQが読み手の心に響くか？ 独りよがりになっていないか？ 思いが強過ぎて冷静さを欠いていないか？
・RQが記述できない的外れなテーマは早期に諦める
・序論の段階で細か過ぎる議論はしないことが肝要
・その一方で，租税法の専門家にふさわしい問題の提示を行う
・読者は上から下に順番に読んでいくのが通常，段階的に議論を行う（段階的議論の徹底）
・修士論文は積み木を一つずつ積んでいくイメージが重要
・RQは，分量的には2～3段落で簡潔に収める

＜研究方法（段取り）の説明＞

　どのような段取りで研究を行うか，研究方法を記述する必要があります。段取り，研究方法の流れを順番に説明することになります。

---【ポイント】---
・どのような点に注目して議論をするか，どのように分析をするのか，どのような順番で議論をするのかを明確化する
・分量的には1～2段落で簡潔に収める
・例えば，交際費課税制度の研究方法は，事実関係に租税特別措置法第61条の4（条文）から導かれる交際費等分析フレームワークを当てはめることを基本にすること等を述べる

＜章・節の構成の提示＞

　最後に章・節の構成の提示を行います。

　以下，本論文は次のように構成される。第2章では……を整理する。第3章では……を検討する。第4章では……を分析する。最後に最終章では，それまでの議論を総括し結論を述べる。

　第1章　序論
　第2章　交際費等の意義及び交際費課税制度の沿革
　第3章　要件説及び交際費等分析フレームワーク
　第4章　萬有製薬事件の紹介と分析

第5章　その他の裁判例及び裁決事例の紹介と分析

第6章　交際費等の判断基準

最終章　結論

---
【ポイント】
- ・第1章（序論）と最終章（結論）の書き方にはある程度の決まりがあり，フォーマットが決められている大学及び大学院が多いことに留意する
- ・第2章から第6章は節立てし，最終節には必ず小括を入れる
- ・各章のまとめである小括（最終節）は2,3頁に収まるように工夫する
- ・章構成に加えて，最低でも，節構成も考えていく
- ・具体的な争点，論点に沿って考える必要がある
- ・序論は分量的に全体で最大でも3頁，標準的には1頁半から2頁以内に収める
---


## ⑸　章・節構成の提示と目次の作成

＜章・節構成の提示と各章の小括（最終節）の必要性＞

　序論作成の段階で，最低限でも章・節の構成，できれば項の構成も明確にしましょう。なお，本文を記述し始めてからも，章・節の構成は定期的に見直しをする必要があります。

　例えば，ある交際費課税制度の論文の章・節の構成は下記のとおりです。第2章から第6章までの各章の最終節には，小括としてそれぞれの章のまとめを必ず入れる必要があります。小括（最終節）にはそれぞれの章のまとめを2,3頁で網羅的に記述してください。小括（最終節）には，当然のことですが，それぞれの章で記述した以外のことを記述してはいけません。

＜具体的な修士論文のタイトルの提示＞

　「交際費等の課税要件の明確化―交際費等分析フレームワークの適用による萬有製薬事件の分析を中心に―」

＜具体的な修士論文の目次の提示＞

　以下に，交際費課税制度をテーマにした修士論文のタイトルと具体的な修士論文の目次の一例を示します。目次は必ず目次設定により本文と連動させ，「表示」から「サイドバー」をクリックし，「ナビゲーション」を用いてウインドウの左側に章・節の構成を必ず表示します。常に章・節の構成を意識し

ながら修士論文の本文を書き進めましょう。目次自体には章・節の構成に加えて，項立ても入れて書き進めていきましょう。少し冗長ではありますが，以下に修士論文の目次の具体例を示します。

＜「引用文献リスト」と「参照文献リスト」（参考文献リスト）の作成＞

　「参考文献リスト」は，通常，「引用文献リスト」と「参照文献リスト」に
分けて作成します。そして，「引用文献リスト」と「参照文献リスト」の作

成も資料収集，読み込みと同時に並行して進める必要があります。収集した資料はいったん「参照文献リスト」に記載し，「参照文献リスト」に記載した収集資料を修士論文の本文に引用した都度，その収集資料を「参照文献リスト」から「引用文献リスト」に移していきます。


## (6) 具体的な序論の書き方　その2（重加算税制度を用いた説明）

　ここでは，序論の具体的な記述方法について，重加算税制度といわゆる「つまみ申告」の分析を例に用いて，さらに具体的に説明します。また，序論を記述する上での注意事項を箇条書で示しました。なお，具体的な序論の記述は太字で示してあります。

---
【ポイント】

・租税法の専門知識がない社会人に対し，論文の内容を分かり易く説明するのが序論の役割であり，論文の設計図を具体的な目次と一緒に示す
・基本的に，序論にはブロック引用（佐渡島紗織＝吉野亜矢子, 2008, pp.72-79）は用いない
・既にブロック引用がしてある場合は，「ブロック引用部分のまとめ」の部分を利用する
---

＜序論は修士論文の設計図，専門知識のない社会人に説明する意識を持つこと＞
　序論は修士論文の設計図であり，下記の事項についてそれぞれ1段落〜3段落ずつ順番に説明していく必要があります。まず，序論の全体像とその留意点を箇条書で示します。
　以下，論文のタイトル，修士論文の対象と目的及び修士論文の背景等の各事項について＜小見出し＞を付けながら詳しく説明します。


＜修士論文のタイトル＞
　修士論文の題目：国税通則法第68条（重加算税制度）の賦課要件の明確化
　副題：―いわゆる「つまみ申告」の分析と隠蔽又は仮装行為の範囲の明確化―

---
【ポイント】

・修士論文の題目は推敲を重ねて慎重に決定する
・副題は全角ダッシュ「―」で囲む
---

＜修士論文の対象と目的＞
　この論文の対象は国税通則法第68条第1項に規定される重加算税制度であ

る（論文の対象）。この論文の目的は，重加算税制度の課税対象になる隠蔽又は仮装に該当する行為のうち，いわゆる「つまみ申告」と呼ばれる行為の分析を通じて，国税通則法第68条第１項に規定される隠蔽又は仮装行為の範囲を明確にすることである（論文の目的）。

＜修士論文の作成方法の説明＞

　この論文を作成するために，第２章では，昭和62年最高裁判決[1]の分析を通じて重加算税分析フレームワークを提示する。そして，第３章では，重加算税分析フレームワークを用いて平成６年最高裁判決[2]及び平成７年最高裁判決[3]の課税要件事実を再構築する。いわゆる「つまみ申告」の分析を通じて，隠蔽又は仮装行為と過少申告行為の内容とその関係を検討し，重加算税の賦課要件を明確化することを目指す。

> ─【ポイント】─────────────
> ・修士論文の対象と目的は，修士論文作成の社会的背景及び経済的背景の説明と峻別する必要がある
> ・修士論文の作成方法も，修士論文の目的，修士論文の対象とは別のものであることに注意する必要がある

＜修士論文の背景の説明─「つまみ申告」とは何か─＞

　いわゆる「つまみ申告」とは，納税者が申告するべき所得金額の中から，一部を意図的に抽出して過少に申告する行為をいう。「つまみ申告」が重加算税制度における隠蔽又は仮装行為の範囲に含まれるかについて，課税当局と納税者の間に争いがあり，「つまみ申告」は国税通則法第68条第１項の重加算税の定義とも関連する重要事項の一つである。

---

[1]　最高裁判所昭和62年５月８日第二小法廷判決（昭和59年（行ツ）第302号）所得税更正処分等取消請求上告事件【データベース名】TKC法律情報データベース【文献番号】22002117【データベース閲覧日】令和元年５月30日
[2]　最高裁判所平成６年11月22日第三小法廷判決（平成５年（行ツ）第133号）所得税重加算税賦課決定処分取消請求上告事件【データベース名】TKC法律情報データベース【文献番号】22008501【データベース閲覧日】令和元年５月30日
[3]　最高裁判所平成７年４月28日第二小法廷判決（平成６年（行ツ）第215号）所得税重加算税賦課決定処分取消請求上告事件【データベース名】TKC法律情報データベース【文献番号】22007861【データベース閲覧日】令和元年５月30日

## ＜重加算税とは何か＞

　納付すべき税額の計算の基礎となる事実の全部又は一部について隠蔽又は仮装があり，過少申告，無申告又は不納付がその隠蔽又は仮装に基づいている場合は，過少申告加算税，無申告加算税又は不納付加算税の代わりに，重加算税と呼ばれる特別に重い負担が課され又は徴収される（国税通則法第68条第１項，第２項及び第３項）。（金子宏, 2019, p.889）

## ＜重加算税の租税法上の位置付け＞

　主たる債務に附帯して生ずる従たる債務を附帯債務と呼ぶが，国税通則法は，国税の附帯債務のことを附帯税と呼んでいる。附帯税には，延滞税，利子税，加算税及び過怠税があり，加算税は，さらに，過少申告加算税，無申告加算税，不納付加算税及び重加算税に分かれる。（金子宏, 2019, p.875）

## ＜金子宏が議論する重加算税の目的＞

　金子宏は「重加算税は，納税者が隠蔽・仮装という不正手段を用いた場合に，これに特別の重い負担を課すことによって，申告納税制度および源泉徴収制度の基盤が失われるのを防止することを目的とする」（金子宏, 2019, p.890）と述べる。

　つまり，逋脱（脱税）が違反者の不正行為の反社会性又は反道徳性に対する制裁としての刑事罰であるのに対し，重加算税は行政機関の行政手続により違反者に課せられる行政罰であるところ，金子宏は重加算税の目的を「申告納税制度および源泉徴収制度の基盤が失われるのを防止すること」（金子宏, 2019, p.890）と述べ，行政罰を逋脱罪を含めた刑事罰と区分している。

　重加算税と逋脱（脱税）との関係については，様々な議論がある。

---
### 【ポイント】

- ・論文作成には，金子宏『租税法』，武田昌輔『DHC コンメンタール　法人税法』及び『国税通則法精解』という基本文献３点セットを用いる
- ・趣旨・沿革から重加算税制度の具体的な説明に入る
- ・まず，重加算税制度の基本的な仕組みを記述する
- ・重加算税制度の具体的な説明を入れる
- ・条文に規定されている定義のみならず，条文の規定の具体的な内容は何かを説明する

---

＜隠蔽又は仮装とは何か＞

　国税通則法第68条第１項に規定される隠蔽又は仮装の定義を，条文，金子宏著『租税法』，武田昌輔著『DHC コンメンタール　国税通則法』及び『国税通則法精解』を用いて説明していきます。

　国税通則法第68条第１項は，「……ⅰ）納税者がその国税の課税標準等又は税額等の計算の基礎となるべき事実の全部又は一部を隠蔽し，又は仮装し，ⅱ）その隠蔽し，又は仮装したところに基づきⅲ）納税申告書を提出していたときは，……（中略）……重加算税を課する」（附番は筆者）と規定している。したがって，ⅰ）納税者が隠蔽又は仮装行為をして，ⅱ）その隠蔽又は仮装行為に基づいてⅲ）過少申告行為をしているかどうか，そして，ⅳ）納税者の隠蔽又は仮装行為の認識とⅴ）納税者の過少申告行為の故意が問題になる。

　金子宏は，「①隠蔽・仮装とは，その語義からして故意を含む観念であり，②事実の隠蔽とは，売上除外，証拠書類の破棄等，課税要件事実の全部または一部を隠すことをいい，③事実の仮装とは，架空仕入・架空契約書の作成・他人名義の利用等，存在しない課税要件事実が存在するように見せかけることをいう」と説明する（下線と附番は筆者）（金子宏, 2019, pp.890-891）。しかしながら，隠蔽・仮装に該当することが明らかな典型事例の場合はともかくとして，隠蔽・仮装に該当するか否かが課税当局と納税者の間で争いのある限界事例については，当然ながら隠蔽・仮装行為に係る納税者の認識の有無が問題になる。


＜昭和62年最高裁判決の紹介とその位置付け＞

　昭和62年最高裁判決を紹介し，昭和62年最高裁判決による隠蔽又は仮装行為と過少申告行為のそれぞれにおける，納税者の認識と故意の位置付けを説明します。

　昭和62年最高裁判決は，納税者が故意に課税標準等又は税額等の計算の基礎となる事実の全部又は一部を隠蔽し，又は仮装し，その隠蔽，仮装行為を原因として，過少申告行為の結果が発生したものであれば重加算税の賦課要件としては十分であり，納税者の過少申告行為に係る故意は必要ないことを判示した。

＜昭和62年最高裁判決に基づく重加算税分析フレームワークの提示＞

　国税通則法第68条第１項の定義と昭和62年最高裁判決の判示内容から導き出される重加算税分析フレームワークを提示します。国税通則法第68条第１項は，「……納税者がそのⅰ）国税の課税標準等又は税額等の計算の基礎となるべき事実の全部又は一部を隠蔽又は仮装し，ⅱ）その隠蔽又は仮装したところに基づきⅲ）納税申告書を提出していたとき……」と規定していますから，ⅰ）隠蔽又は仮装行為をして，ⅱ）その隠蔽又は仮装行為に基づいてⅲ）過少申告行為をしているかどうか，そして，隠蔽又は仮装行為と過少申告行為のそれぞれの認識と故意が問題になります。そこから，重加算制度に係る重要な要素は次の４つに分けることができ，それぞれの存在の有無が問題になるということができます。つまり，それぞれの要素の存在の有無が，重加算税の賦課要件を満たすか否かが判断される際の問題になります。

　昭和62年最高裁判決の判示を基礎にして，重加算税を分析するための４つの要素の内容とその関係性を究明する方法を重加算税分析フレームワークと呼び，４つの要素の関係は下記のように図示することができます。

図２－１　隠蔽又は仮装行為と過少申告行為の関係と重加算税分析フレームワークの提示

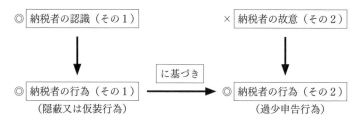

（図は金子宏（2019）を基に筆者が作成）

┌─【ポイント】────────────────────────────────
│・昭和62年最高裁判決の紹介とそれを基軸にする理由を説明する
│・昭和62年最高裁判決を基軸にして，４つの要素から重加算税分析フレームワークを提示する
│・あくまで，昭和62年最高裁判決を基軸にして問題を解明することを，その理由と一緒に示す
│・租税法の条文解釈は，事実関係に条文を当てはめる文理解釈が基本
│・重加算税フレームワークを説明した上で，その内容を図示する
└──────────────────────────────────────

＜平成６年最高裁判決及び平成７年最高裁判決の紹介と重加算税分析フレームワークによる分析＞

平成６年最高裁判決及び平成７年最高裁判決を紹介し，昭和62年最高裁判決との違いを説明し，重加算税分析フレームワークによる分析を行います。

重加算税分析フレームワークに基づいて，平成６年最高裁判決及び平成７年最高裁判決の課税要件事実をⅰ）納税申告書作成行為を含めた納税申告書提出準備行為とⅱ）納税申告書提出行為に再構築します。

①納税者の認識（その１），②行為１（隠蔽又は仮装行為），③納税者の故意（その２）及び④行為２（過少申告行為）の４つの有無を明らかにすることにより，つまみ申告の分析を通じて隠蔽又は仮装の範囲が明確化されることを示唆して序論の記述を終わります。

重加算税分析フレームワークに基づいて，平成６年最高裁判決及び平成７年最高裁判決の課税要件事実をⅰ）納税申告書作成行為を含めた納税申告書提出準備行為とⅱ）納税申告書提出行為に再構築し，重加算税分析フレームワークを当てはめて分析する必要がある。

①納税者の認識，②行為１（隠蔽又は仮装行為），③納税者の故意及び④行為２（過少申告行為）の４つの有無を明らかにすることにより，平成６年最高裁判決及び平成７年最高裁判決で判示されたつまみ申告の分析を通じて隠蔽又は仮装の範囲を明確化する。以上の議論を図示すると，下記のように図示することができます。

図２－２ 重加算税分析フレームワークを基にした納税申告書作成準備行為と納税申告書提出行為との区分

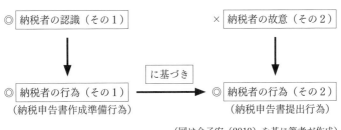

（図は金子宏（2019）を基に筆者が作成）

## (7) 具体的な序論の書き方　その3（タックス・ヘイブン対策税制を用いた説明）

　ここでは，修士論文の序論の書き方のもう1つの詳細な具体例として，タックス・ヘイブン対策税制に関する論文の序論を用いて具体的に説明します。説明の都合上かなり長くなっていますが，序論の役割を考えると，最終的には，＜小見出し＞は削除しても良いですし，全体が2，3頁に収まるように圧縮して記述するべきです。実際の序論の記述部分は太字で示します。なお，内容は細川健（2007a）及び細川健（2007b）に依拠して記述しています。
イ　修士論文のタイトルとその説明

　タックス・ヘイブン対策税制（租税特別措置法第66条の6）と実質所得者課税の原則（法人税法第11条）の関係に関する考察―双輝汽船事件を題材に―

ロ　序論の具体的な記述方法
　第1章　序論

＜修士論文の対象＞
　本論文の対象は，租税特別措置法第66条の6に規定されるタックス・ヘイブン対策税制と法人税法第11条に規定される実質所得者課税の原則である。

＜修士論文の目的＞

　本論文の目的は，タックス・ヘイブン対策税制（租税特別措置法第66条の６）と実質所得者課税の原則（法人税法第11条）の関係を明らかにすることである。

＜修士論文の題材の説明＞

　そのために，本論文では，タックス・ヘイブンに設立された特定外国子会社等に生じた欠損を内国法人である親会社の所得の額に算入させることの可否が争われた双輝汽船事件の議論に注目する。

＜タックス・ヘイブン対策税制の説明＞

　我が国のタックス・ヘイブン対策税制は，昭和53年度税制改正で租税特別措置法第66条の６の規定の創設により導入された。タックス・ヘイブン対策税制の基本的な構造は次のようなものである。

＜外国法人とは＞

　まず，外国法人とは，内国法人[4] 以外の法人をいう。

＜外国関係会社とは＞

　次に，居住者及び内国法人並びに特殊関係非居住者がその発行済株式（自己株式を除く）の50％を超える株式を直接・間接に保有する外国法人を外国関係会社という。

＜特定外国子会社等とは＞

　さらに，法人の所得に対する税の負担が我が国での負担に比して著しく低い国又は地域に本店を有するものを特定外国子会社等という。

＜タックス・ヘイブン対策税制の納税義務者とは＞

　特定外国子会社等の発行済株式等の10％以上を直接及び間接に保有する内国法人は，特定外国子会社等の所得（適用対象金額）のうち，当該保有する株

---

(4)　内国法人とは，国内に本店または主たる事務所を有する法人のことをいう（法人税法第２条第３号）。

式等に対応する金額（課税対象金額）を，その内国法人の所得に算入して課税
される（租税特別措置法第66条の6第1項）。

＜双輝汽船事件の審級関係＞

次に，本論文で注目する双輝汽船事件の審級関係を整理する。双輝汽船事
件の審級関係は下記のとおりであり，第一審では納税者が勝訴し，控訴審及
び上告審ではいずれも納税者が敗訴している。

松山地方裁判所平成16年2月10日判決（平成14年（行ウ）第4号）法人税，消
費税及び地方消費税更正処分取消請求事件[5]（以下「双輝汽船事件第一審」とい
う。），高松高等裁判所平成16年12月7日判決（平成16年（行コ）第7号）法人税，
消費税及び地方消費税更正処分取消請求控訴事件[6]（以下「双輝汽船事件控訴審」
という。）及び最高裁判所平成19年9月28日第二小法廷判決（平成17年（行ヒ）
第89号）法人税，消費税及び地方消費税更正処分取消請求上告事件[7]（以下「双
輝汽船事件上告審」，双輝汽船事件第一審及び双輝汽船事件控訴審と併せて「双輝汽船事
件」という。）。

＜双輝汽船事件の概要＞

さらに，本論文で注目する双輝汽船事件の概要に触れる。海運業を営む内
国法人である双輝汽船株式会社（以下「双輝汽船」という。）は，昭和58年にパ
ナマ共和国に100％子会社であるツインブライト社（以下「ツインブライト」と
いう。）を設立し，ツインブライトを通じて便宜置籍船を保有した。ツインブ
ライトはパナマ共和国に事務所を有さず，事業の管理・運営，書類の保管な
どはすべて親会社である双輝汽船が行っていた。そして，昭和58年の子会社
設立以来，親会社である双輝汽船は，100％子会社のツインブライトの所得
を自社の所得と合算して法人税の青色申告を行っていた。

平成7年7月期から3事業年度にわたりツインブライトの決算は赤字と

---

(5) 【データベース名】TKC法律情報データベース【データベース番号】28090429【デー
    タベース閲覧日】平成28年3月31日
(6) 【データベース名】TKC法律情報データベース【データベース番号】28110774【デー
    タベース閲覧日】平成28年3月31日
(7) 【データベース名】TKC法律情報データベース【データベース番号】28132154【デー
    タベース閲覧日】平成28年3月31日

図2－3　双輝汽船事件の概要

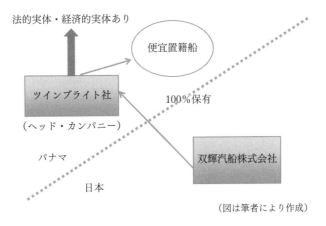

法的実体・経済的実体あり

便宜置籍船

ツインブライト社

（ヘッド・カンパニー）

100％保有

双輝汽船株式会社

パナマ

日本

（図は筆者により作成）

┌─【ポイント】────────────────────────┐
・複雑な事実関係を図，表を用いて明確にする必要あり
・図，表を作成することは自分の理解に繋がる
・事実関係と議論の内容を十分に理解していないと明確な図表は作成できない
└──────────────────────────────┘

なったが，納税者である双輝汽船は法人税法第11条に規定される実質所得者課税の原則を根拠に，ツインブライトの欠損を内国法人の損金に算入して青色申告を行った。課税当局は，ツインブライトは租税特別措置法第66条の6に規定される特定外国子会社等に該当し，当該欠損はツインブライトの課税対象金額から繰越控除されなければならないとして，平成10年9月29日付けで法人税更正処分等を行った。双輝汽船は当該処分を不服とし，行政上の手続を経て，平成14年4月15日，本件処分の取消しを求めて訴訟を提起した。

＜双輝汽船事件の争点と当事者の主張＞

　双輝汽船事件の最大の争点は，特定外国子会社等であるツインブライトに生じた欠損を，納税者自らの選択により，実質所得者課税の原則（法人税法第11条）を根拠に，内国法人であり親会社である双輝汽船の損金に算入できるかである。

　納税者は，実質所得者課税の原則（法人税法第11条）を根拠に特定外国子会社等の欠損を親会社の損金に算入できると主張した。一方，課税当局は，実

質所得者課税の原則（法人税法第11条）を一般法，タックス・ヘイブン対策税制（租税特別措置法第66条の6）を特別法とする関係として，特定外国子会社等に該当する場合には実質所得者課税の原則（法人税法第11条）は適用されず，タックス・ヘイブン対策税制（租税特別措置法第66条の6）の規定のみにしたがった処理が強制されると主張した。

＜双輝汽船事件上告審の判断とその説明＞

双輝汽船事件上告審は課税当局の主張を認め，上告人である双輝汽船の主張を退けた。ツインブライトは特定外国子会社等に該当し，自ら船舶を発注し，船員を雇用するなど双輝汽船とは別法人として独自の活動を行っていた。そして，双輝汽船にツインブライトの損益が帰属すると求めるべき事情がないことが明らかであるために，当該損益はツインブライトに帰属し，双輝汽船の所得の計算上，ツインブライトの損金を算入することはできないとした。

＜古田佑紀裁判官補足意見＞

古田佑紀裁判官の補足意見は「法人は法律により損益の帰属主体として設立が認められるもので，その損益は特殊な事情がない限り，法律上その法人に帰属すると認めるべきものであるとして，タックス・ヘイブン対策税制（租税特別措置法第66条の6）の規定は，損益の帰属について前記の理解を前提として特別の措置を定めたものと解すべき」というものであり，双輝汽船事件控訴審の特定外国子会社等に生じた欠損金の繰越は強制されるという判断を変更したと考えられる。

＜双輝汽船事件の最大の争点とリサーチ・クエスチョン＞

双輝汽船事件の最大の争点は，特定外国子会社等に生じた欠損を，実質所得者課税の原則（法人税法第11条）を根拠に内国法人の損金に算入するということはできるのか，できるとすればどのような場合にできるのかである。双輝汽船事件では，このことを焦点にタックス・ヘイブン対策税制（租税特別措置法第66条の6）と実質所得者課税の原則（法人税法第11条）の関係が議論され，双輝汽船事件上告審は，双輝汽船事件控訴審の判断を一部変更し，課税当局勝訴とした。

図2−4 一般法の実質所得者課税の原則（法人税法第11条）と特別法のタックス・ヘイブン対策税制（租税特別措置法第66条の6）との関係

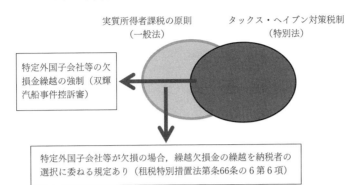

（図は筆者により作成）

┌─【ポイント】────────────────────────────────────┐
│ ・欠損金の繰越は強制されない（双輝汽船事件上告審）                        │
│ ・最高裁判所（双輝汽船事件上告審）は納税者自ら実質所得者課税の原則を主張できる     │
│ 　可能性を示唆                                                │
└────────────────────────────────────────────┘

<問題の解明方法>

　そこで本論文では，双輝汽船事件で争われたタックス・ヘイブン対策税制（租税特別措置法第66条の6）と実質所得者課税の原則（法人税法第11条）の関係を検討するため，それぞれの趣旨及び概要を踏まえた上で，双輝汽船事件における納税者と課税当局の主張，裁判所の判断を詳細に整理する。そして，争点に沿う形で先行研究の議論を整理，分類する。その上でタックス・ヘイブン対策税制（租税特別措置法第66条の6）と実質所得者課税の原則（法人税法第11条）の関係を検討する。

　以下，本論文は次のように構成される。

　第2章では，タックス・ヘイブン対策税制の趣旨及び概要をまとめる。

　第3章では，実質所得者課税の原則の趣旨及び概要をまとめる。

　第4章では，双輝汽船事件の真実関係を詳細に整理する。

　第5章では，双輝汽船事件に関する先行研究を整理，分類する。

　第6章では，タックス・ヘイブン対策税制と実質所得者課税の原則の関係を検討する。

第7章では，前章までの議論を総括して，最終的な結論を示すと共に今後の展望を述べる。


## この章のまとめ

　この章では序論のフォーマットとその具体的な書き方を，交際費課税制度，重加算税制度及びタックス・ヘイブン対策税制を題材にして説明しました。会計大学院等によっては，半年から1年かけて序論を作成する場合もあります。ここで十分注意していただきたいのは，序論はあくまで修士論文の設計図の役割を果たすものであることです。この点を十分に意識して序論の記述を進める必要があります。序論を作成しながら，集めた元資料及び先行研究を読み込み，序論の記述内容の推敲を重ねていく必要があります。間違っても，序論を作成することそのものが序論作成の目的になってはいけません。

　序論を作成しながら集めた元資料及び先行研究を読み込み，じっくりと，修士論文の対象と目的，リサーチ・クエスチョン，論文の作成方法，大まかな結論及び論文の章構成と節構成を練り上げた方々は，非常に高い確率で素晴らしい修士論文が作成できると言えます。

# 3  判決文等
# 最も確実なまとめ方


## この章で学ぶこと

　この章では，判決文等の正しいまとめ方について学びます。

　修士論文の指導をしていて，先行研究のまとめ方と並んで最も質問が多いのが裁判例，裁決事例の正しいまとめ方です。そして，長年，修士論文作成指導をしていると，裁判所による判決文及び国税不服審判所による裁決文（以下「判決文等」といいます。）に全く目を通さず，特定の評釈のダイジェスト的な判決文等の要旨をそのまま貼り付けてくる方々が目立ちます。

　著作権法の観点から判決文等の編集は自由と言われていますが，他者が作成した「判決文等の要旨」を，内容を理解せずにそのまま貼り付けると，著作権法違反とは全く別の問題が生じてきます。極端な話をすれば，評釈を記述する者が租税法の専門家ではなく，元の評釈の内容が劣悪で「判決文の要旨」が誤っていると，それにそのまま引っ張られて，正しい議論ができません。とりわけ，納税者が勝訴した事案には，残念ながら，課税当局の主張ばかりでなく，裁判所の判断を無視した独り善がりの評釈が多数存在します。特殊な評釈，いわゆる「万歳評釈」に依拠してしまうと，正しい議論ができないばかりでなく，場合によっては，議論そのもの，修士論文そのものが成立しないことになりかねません。これは，実際にしばしば起きていることです。

　これは，裁判所による裁判例や国税不服審判所の裁決事例に限らないのですが，修士論文を作成するに当たっては，極力，原典（一次資料又は元資料）に当たることを厳守するようにしてください。

## (1) 第1ステップ（最低限やるべきこと　その1）

　それでは，判決文等を，原典に忠実にまとめるには，どのようにすれば良いのでしょうか。当初は，データベースから取得した原文からまとめていくことになります。そこで第1ステップとして，「最低限の加工がされた判決文等」のまとめ方を示します。

　まず，TKC判例情報データベース等から取得した判決文等をそのままコピー・アンド・ペーストします。そして，用語の置き換えによる最低限の編集を行います。最後に，MSワードの置換機能を用いて置換に漏れがないかをチェックします。地道で機械的な作業ではありますが，この「作業」を単純な「作業」に堕さないためにも，内容を考えながら，少しずつ冒頭から編集していくのが良いと思います。

イ　原告等は納税者で統一

　原告，請求人等の用語は「納税者」に置き換えます。固有名詞等を入れたい場合は，「原告（○○株式会社）」，「原告である○○等」と記載します。

ロ　被告等は課税当局で統一

　被告，行政処分庁，課税庁，国等の用語は「課税当局」に置き換えします。当然ながら，判決文等では正確には別の意味でこれらの用語を用いていますが，修士論文上はその点はあえて考慮せず，「課税当局」で統一します。「課税当局」を用いることには，初学者にしばしば起こる国税庁と課税庁の混同を防ぐ意味合いもあります。

ハ　基本的に算用数字で統一

　例えば，15億6422万3511円というような表記は，円のみを付する形，すなわち1,564,223,511円という形式に書き換えます。ただ，15億4千5百万円ちょうどであれば，15億4千5百万円という表記でも良いと思います。このように，判決文を算用数字の読み易い数字（カンマを入れる）に置き換えることも大事な作業です。そして，算用数字1桁であれば全角，算用数字2桁以上であれば半角で数字を記述するのが基本です。

ニ　不要な伏せ字部分の削除

　（甲○○，乙○○）等の裁判の証拠書類の番号等は削除します。

ホ　判明した固有名詞等の挿入

　判決文等において■■■等の伏せ字になっている部分が判明した場合には，その判明した固有名詞を入れていきます。国税不服審判所の裁決文（いわゆる黒塗り資料）はプレスリリース及び新聞記事等で補足可能な部分は埋めていき，補足不可能な固有名詞等の部分は記号等で埋めていきます。そして，必ず補足説明を加えた旨を冒頭又は脚注等に記載します。

　判決に関する情報は簡潔，かつ，統一的に，例えば，次のように整理します。裁判所名・判決日（事件番号）事件名（事件の通称・俗称）は必ず入れます。そして，【データベース名】，【文献番号】及び【データベース閲覧日】の3つは脚注に付して説明します。判例タイムス（判タ）及び判例時報（判時）等を記述する方々が目立ちますが，自分自身が目を通していない資料名であるのならば，記述するべきではありません。

---
【記述例】

最高裁判所平成3年4月23日第三小法廷判決（平成3年（行ツ）第12号）法人税課税処分取消請求上告事件（以下「○○事件上告審」という。）
（脚注）【データベース名】日税連税法データベース（TAINS）【文献番号】Z183－6696【データベース閲覧日】平成27年10月20日

---

## ⑵　第2ステップ（最低限やるべきこと　その2）

　次に，判決文等を4つの区分にまとめます。古い判決文は，必ずしもこのようなまとめ方に適さないかもしれませんが，原則的に判決文等は4つのカテゴリー（事案の概要，争点，当事者の主張及び裁判所の判断（判旨））にまとめるのが基本です。このときに，争点を意識しながらまとめることがとりわけ重要です。場合によっては，当事者の主張を事案の概要に入れ込み，裁判所の判断（判旨）に重点を置いてまとめる方法もあります。そして，裁判の概要を分かり易く説明するために，概要を示す図を入れることをお勧めします。

```
┌─【記述例】──────────────────────────────
  ＜通常の裁判例のパターン＞
  事案の概要
  争点
  当事者の主張
    納税者の主張
    課税当局の主張
  裁判所の判断（判旨）
  ＜裁判所の判断に重点を置くパターン＞
  事案の概要（争点，当事者の主張を含む）
  裁判所の判断（判旨）
└──────────────────────────────────────
```

## ⑶　第3ステップ（余裕があればやるべきこと）

　判決文等は必ずしも読み易い文章になっていません。そこで，「一文一義」を意識して，主語，述語及び目的語を確認しながら，判決文を編集していきます。このときに，自分自身の修士論文に無関係な争点を省略したり，細か過ぎる事実関係を削除しながら編集作業を進めるのが理想ですが，削り過ぎると事案の全体像が見えなくなるという現象が起きるので注意が必要です。とりわけ，「当事者に争いのない事実」の部分は，前提になる事実関係（生の事実）と裁判所による認定された事実（認定事実）の区分けの観点から記述することが重要であり，議論の要になる場合が少なくありませんので削除には注意が必要になります。また，判決文等は，当然ながら論文の一部に組み入れられるのですから，章，節及び項立てを意識した区切りにする必要があり，可能であれば，それぞれに見出しを付けましょう。章，節及び項の次の区切りは【ポイント】に列記した区分が一般的であり，文中の語句を区切る①，②，③及び④とは使い分ける必要があります。①，②，③及び④を両方に用いる方々が目立ちますが，混同のもとになるので，絶対に避けなければなりません。＜小見出し＞を利用して記述内容を整理していくのも1つの方法でしょう。

```
┌─【ポイント】────────────────────────────
│ ＜章，節及び項の次の区切り＞
│  1　2　3　4　（全角）
│  (1) (2) (3) (4)（半角）
│  イ　ロ　ハ　ニ　（全角）
│  （イ）（ロ）（ハ）（ニ）（全角）
│ ＜文中の語句の区切り＞
│  ①②③④
│  ⅰ）ⅱ）ⅲ）ⅳ）
└────────────────────────────────────
```

## この章のまとめ

　「3　判決文等　最も確実なまとめ方」では判決文等の最も確実なまとめ方を記述しました。判決文等のまとめで最も大事なことは，データベースを用いて判決文等の原典に忠実に記述することです。そのためには，特定の先行研究の判決文等のまとめ文に依存してはいけません。

　修士論文は形式が命です。そして，修士論文を作成するには先行研究及び元資料に当たること，原典主義が基本中の基本です。先行研究の判決文等の要約をそのまま貼り付けたり，データベースの編集漏れがあると，修士論文を大量に読む側には（とりわけ，論文を審査する大学外の第三者には）非常に気になってしまうこと，印象が極めて悪いことを念のために申し添えます。

# 4　先行研究
# 最も確実なまとめ方

## この章で学ぶこと

　この章では，判決文等のまとめ方と並んで最も質問の多い先行研究のまとめ方，すなわち，論文の鍵になる先行研究をどのように，確実にまとめていくかについて説明をしたいと思います。「論点ごとに先行研究を比較検討して整理すること」と「最後に自分（論文執筆者）の見解を根拠と共に述べること」が先行研究の紹介，比較及び検討の最終的な目標です。先行研究を最も確実にまとめる方法を以下に記述しました。

## (1)　先行研究の理想的なまとめ方

　理想を言えば，複数の良質な先行研究を熟読し，争点ごとに論点を整理し，整理した論点ごとにそれぞれの先行研究を紹介，比較及び検討し，その最後に自分（論文執筆者）の見解を，何故，そう考えるのかの根拠を示しながら明確に記述するのが王道だと思います。

　しかしながら，良質な先行研究を複数確保できたとしても，それぞれの論者が同一の論点を議論しているとは限りません。さらに，議論のニュアンスが微妙に異なっていたり，各論者の論述の根拠の記述が抜けていたり，それぞれが前提としている基礎的な議論，つまり，議論の前提が全く違っていたり，その議論の前提をあえて記述していない場合もあります。それもあって，複数の先行研究を読み返すうちに何がそのテーマに関する正しい議論なのか分からなくなり，時間だけが無駄に過ぎてしまう，修士論文の作成そのもの

が手に付かない状態が長く続くということも初学者には珍しくないと思います。

## (2)　先行研究の具体的なまとめ方と注意点

それでは，具体的に，どのように先行研究を引用すれば，修士論文を確実に記述していけるのでしょうか。

一言で言えば，最初にやるべきことは，「信頼できる複数の先行研究を中心に据え，選択した先行研究を丁寧に，網羅的及び解析的に分析すること」に尽きるのではないかと思います。具体的には，論文中に先行研究の紹介をする章を設けて，選択した複数の信頼できる先行研究ごとに節立てし，「○○の研究の紹介（と分析）」という形で解析的に記述していきます。そして，節の冒頭には，代表的な租税法の教科書である金子宏（2019）に引用されている等，その先行研究を選択した理由を明確に説明する必要があります。

「解析的に記述する」ことは，ブロック引用（佐渡島紗織＝吉野亜矢子, 2008, pp.72-79）と括弧引用（キーワード引用）を基本にして，各論者が何を言っているかを，議論の前提及び主張の根拠と一緒に正確に理解するということと同じ意味です。

まず，争点ごとにどのような論点があるのかを整理します。そして，各論者の論述に前提になる議論はあるのか，あればそれはどのような議論なのかを明らかにします。さらに，各論者の主張の根拠は何か，そして，それは出典と共に正確に記述されているかを明らかにします。さらに，各論者の主張の骨子は何かを論点ごとに明らかにする必要があります。

そのためには，まず，指導教員と十分に時間をかけて相談し，「良質な先行研究」を複数選定することが重要です。金子宏 . 2019.『租税法』. 第23版 . 弘文堂 . の執筆者である，増井良啓，佐藤英明，浅妻章如，渕圭吾等及び最高裁判所調査官意見は外れが少ないのではないかと思います。そして，＜小見出し＞を多用しながら，選択した先行研究の「内容検討」の部分を記述していきます。

ここで重要なことは，まず，各論者の意見を正確に把握することであり，自分の意見を記述することではありません。＜小見出し＞は少々長くなって

も構いません。＜小見出し＞を読んだだけで，内容が読み手に伝わることが望ましいです。選択した先行研究の「内容検討」の部分を，ブロック引用と括弧引用（キーワード引用）を多用しながら丁寧にまとめていきます。短い先行研究であれば，先行研究の内容検討部分の全体をブロック引用又は括弧引用（キーワード引用）しても良いと思います。

　ブロック引用の形式は，①導入部分，②＜小見出し＞，③引用部分，④引用部分のまとめ及び⑤自分の意見等の５つのパートに分けられます。

　そして，最も大事なことは，まず，自分の意見ではなく各論者が何を言っているのかを，論点ごとに丁寧に把握することです。具体的には，修士論文として最終段階では最も重要な要素となる⑤よりも，当初の段階では①〜④に力点を置いてほしいということです。

　本来のブロック引用の目的はブロック引用部分を強調することにあると言われています（佐渡島紗織＝吉野亜矢子, 2008, pp.72-79）。ここで大事なのは，引用文献等のどの部分をブロック引用により強調したいのかということであり，自分が何となく気に入った部分だけを引用してはいけません。また，④ブロック引用部分のまとめに自信が持てなければ，③ブロック引用部分から括弧引用（キーワード引用）をして，④ブロック引用のまとめを作成しても構いません。ブロック引用の目的は，論者が何を言いたいのか，議論の骨子を丁寧に正確に把握することと考えましょう。そして，ブロック引用部分から括弧引用（キーワード引用）して作成したまとめ文は，そのまま修士論文に使えることに留意してください。

　中心になる論者についてブロック引用による解析的な記述が１つ完成すれば，修士論文執筆の要領も得て，リズムができてくるのではないかと思います。また，良質な先行研究を丁寧に，いわば写経のように正確に転記して，ブロック引用と括弧引用（キーワード引用）を用いてまとめることにより，自分の修士論文のテーマへの理解も少しずつ深まってくるはずです。時間がない，日々の業務で疲れ切っている社会人大学院生でも，この方法なら，少しずつ，確実に修士論文の執筆が進められるでしょう。

## (3) ブロック引用の方法とその注意点

　ブロック引用の形式は，①導入部分，②＜小見出し＞，③引用部分，④引用部分のまとめ及び⑤自分自身の意見等の５つのパートに分かれます。それぞれのパートとその記述上の留意点を下記に示します。

```
┌─【ポイント】────────────────────────────────┐
│ ・①ブロック引用部分の紹介                                    │
│ ・②＜小見出し＞の記述                                       │
│ ・＜小見出し＞は少々長くなっても構わないので，一文でブロック引用部分を表すよ  │
│   うにする                                                │
│ ・③ブロック引用の記述                                       │
│ ・ブロック引用部分を正確に書き写す                             │
│ ・④ブロック引用部分のまとめの記述                             │
│ ・ブロック引用部分から括弧引用（キーワード引用）しても構わない      │
│ ・ブロック引用部分に記述されている以外のことを記述しないように留意する  │
│ ・ブロック引用部分から括弧引用（キーワード引用）して作成したまとめ文は，その  │
│   まま修士論文に使えることに留意する                           │
│ ・自分自身の意見を書くのではなく，論者の見解，主張をまとめる        │
│ ・⑤ブロック引用部分への自分自身の意見等の記述                   │
│ ・まずは，自分自身の意見等を除いた４つのパートに注力する           │
└────────────────────────────────────────┘
```

＜先行研究の紹介（と検討）及びまとめ＞

　具体的には下記のような章と節により記述していきます。

```
┌─【記述例】────────────────────────────────┐
│ 第○章　先行研究の紹介（と検討）                               │
│ 　第１節　増井良啓の研究の紹介（と検討）                        │
│ 　第２節　佐藤英明の研究の紹介（と検討）                        │
│ 　第３節　細川健の研究の紹介（と検討）                          │
│ 　第４節　○○の研究の紹介（と検討）                            │
│ 　第５節　先行研究の分類と整理（まとめ）                        │
│ 　第６節　小括                                              │
└────────────────────────────────────────┘
```

## (4) 先行研究の分類と整理（まとめ）とその注意点

　先行研究のまとめの部分では，最終的に表を用いて論点ごとに各論者の議論のポイント，その相違点を明らかにするのも良いでしょう。この方法を用いることの目的は，修士論文作成をスムーズに行うために，自分の選んだ題材に関する先行研究を解析的に分析するという当初の目標を確実に，最終的に実現することにほかなりません。つまり，「最後に，自分の見解を根拠と

共に述べる」ために必要となる，「争点，論点を整理する」，「論点ごとに先行研究を比較検討する」，「各論者の議論の前提を明らかにする」及び「論点ごとに各論者の主張の骨子をその根拠と共に明らかにする」ことを地道に，確実に，最終的に実現することです。

　私のこれまでの修士論文の指導経験から言って，修士論文の作成が進まない方々には，①先行研究の選択が上手くいっていない，②ブロック引用部分のまとめにブロック引用した部分以外の話が出てきてしまう，そして何よりも，③論者の主張とその根拠を正確に把握する前に，自分の意見が全面的に出てくるという共通点があります。それが端的に表れるのは「先行研究のまとめ」の部分です。「先行研究のまとめ」ができていないということは，各論者の比較検討は言うに及ばず，各論者の論点ごとの整理まで到達できていないということではないかと考えられます。つまり，自分自身の意見と各論者の意見とを混同し，先行研究の比較検討の前段階で思考停止し，前に進まなくなってしまったということではないかと思います。

　最終的には，①各論者の議論の前提は何なのか，②各論者の主張の根拠は何なのか及び③各論者の主張とその根拠の骨子部分をブロック引用と括弧引用（キーワード引用）により論点ごとに明らかにすることが理想です。その際には，当然ながら，それぞれの出典を明記します。

　争点，論点ごとの先行者の見解は，具体的には次のような一覧表を作成するのが良いと思います。また，この方法は争点確認表として国税不服審判所内でも採用されていることを申し添えます。

表 4 - 1　争点，論点との先行者の見解一覧表作成例

|  | 増井良啓の見解 | 佐藤英明の見解 | 細川健の見解 |
|---|---|---|---|
| 争点1＜論点1＞ |  |  |  |
| ①論者の議論の前提 |  |  |  |
| ②論者の主張の根拠 |  |  |  |
| ③論者の主張 |  |  |  |
| 　　＜論点2＞ |  |  |  |
| ①論者の議論の前提 |  |  |  |
| ②論者の主張の根拠 |  |  |  |
| ③論者の主張 |  |  |  |
| 争点2 |  |  |  |

（表は筆者により作成）

## この章のまとめ

　「4　先行研究　最も確実なまとめ方」では，先行研究の確実なまとめ方を記述しました。

　社会人大学院生と修士論文の指導教員との共通目標は2年弱という限られた時間で，最小限の労力で高品質な修士論文を作成することにあります。自分の言いたいことや書きたいことを優先する余り，根拠に欠ける最高裁判決批判は言うに及ばず，不毛な国税批判，制度廃止の議論をされる方もしばしば見受けられますが，そのようなことをする前にやることは山積みのはずです。修士論文である以上は，最終的に自分の意見が根拠と一緒に提示されなければならないのは間違いありませんが，その主張は論理的なもの，根拠がしっかりと構築されたものでなければなりません。そのためにも，テーマに選んだ題材に先行研究がある場合には，その内容を正確に解析的に理解する必要があります。修士論文の鍵は，良質な先行研究の解析的分析とその理解です。「4　先行研究　最も確実なまとめ方」を熟読して，最小限の労力で高品質な修士論文作成に取り組んでいただきたいと思います。

# 5　結論・要旨の書き方
## ─双輝汽船事件(タックス・ヘイブン対策税制)を題材に─


## この章で学ぶこと

　修士論文の結論及び要旨の書き方を，双輝汽船事件（タックス・ヘイブン対策税制）を題材に具体的に示します。具体的な結論・要旨の記述内容は太字で示し，記述上の注意点は箇条書で示してあります。なお，内容は細川健（2007a）及び細川健（2007b）に依拠して記述しています。そして最後に，修士論文の最終的なチェック方法を示してあります。


## (1)　結論（最終章）の節構成について

　結論（最終章）は，下記の節構成にしたがって記述します。
第 1 節　これまでの検討経過
第 2 節　結論
第 3 節　今後の展望


## (2)　これまでの検討経過（第 1 節）の記述方法

　検討経過（第 1 節）については，論文の概要をできるだけ簡潔に記述します（序論を簡略化したものとお考えください）。当然のことですが，修士論文の本文に記述したこと以外は書いてはいけません。
　具体的には，序論の冒頭に記した＜修士論文の対象と目的＞以降の部分を

47

簡略化しつつ改めて記述していきます。

---【記述例】---
　・＜修士論文の問題意識＞を提示する
　・＜修士論文の研究方法＞を提示する
　・修士論文の＜章・節構成＞を説明する

---

## ⑶　結論（第2節）の具体的な記述方法

イ　修士論文の目的の記述方法
　序論（第1章）で記述した＜修士論文の目的＞を過去形で記述します。

＜修士論文の目的＞
　この論文の目的は，双輝汽船事件の検討を通じて，タックス・ヘイブン対策税制（租税特別措置法第66条の６）と実質所得者課税の原則（法人税法第11条）との関係を明らかにすることであった。この論文の目的に対する結論は以下の通りである。

---【ポイント】---
　・「この論文の目的は，……であった。」をフォーマット化している
　・「この論文の目的に対する結論は以下の通りである。」をフォーマット化している

---

ロ　修士論文の結論の記述方法
　修士論文の結論を端的に示し，その理由及び根拠等を記述する旨を述べます。

＜修士論文の結論＞
　タックス・ヘイブン対策税制（租税特別措置法第66条の６）と実質所得者課税の原則（法人税法第11条）との関係は，納税者自らが実質所得者課税の原則の適用を選択できる一定の条件が満たされる場合を除き，一般法である実質所得者課税の原則に代えて特別法であるタックス・ヘイブン対策税制が適用される関係である。特定外国子会社等が赤字の場合には，一定の条件が満たされる場合において，実質所得者課税の原則が適用されることが双輝汽船事件

上告審により明らかになった。双輝汽船事件上告審が支持できる理由と一定の条件が満たされる場合を下記に示す。

―【ポイント】――――――――――――――――――――――――――――
　・修士論文の結論を本論に記述したとおりに記述する
　・修士論点が明確に分かるように，論点ごとに記述する
　・修士論文本体部分を追記する
――――――――――――――――――――――――――――――――

　小見出しをつけながら，修士論文の結論の説明を記述します。多少長くなっても構わないので，＜小見出し＞だけで中身が分かるように記述することが肝要です。もちろん，＜小見出し＞は後から削除してしまっても構いませんが，記述内容を確認する意味でも，＜小見出し＞同士の繋りを確認する意味でも，最初に＜小見出し＞を付けてから書き始めることは重要です。


＜特別法と一般法，タックス・ヘイブン対策税制（租税特別措置法通達66の6）と実質所得者課税の原則（法人税法第11条）との関係＞
　特別法であるタックス・ヘイブン対策税制と一般法である実質所得者課税の原則とは，内国法人が設立した特定外国会社等が下記に述べる一定の条件が満たされる場合を除いて，一般法である実質所得者課税に代えて特別法であるタックス・ヘイブン対策税制が適用される関係にある。つまり，内国法人が設立した外国子会社が特定外国子会社等に該当するとしても，一定の条件が満たされる場合，課税当局側のみならず納税者の選択により実質所得者課税の原則適用の余地があることが双輝汽船事件上告審により明らかになった。


　ここからは，結論を導いた根拠と結論を導くための制約等を順番に記述していきます。


＜双輝汽船事件上告審の議論の前提＞
　この議論の暗黙の前提は，タックス・ヘイブンであるパナマ等現地に，独立した損益の帰属主体があることである。しかしながら，双輝汽船事件上告審の補足意見，租税特別措置法第66の6第5項の規定及び双輝汽船事件上告審の森英明最高裁判所調査官意見を斟酌すると，一定の条件が満たされた場合に，内国法人が設立した外国法人が特定外国子会社等に該当したとしても，

納税者の選択により特定外国子会社等に実質所得者課税の原則の適用の余地があると考えられる。

<双輝汽船事件上告審が支持できる理由>

　双輝汽船事件上告審が支持できる理由は下記のとおりである。

　第一に，双輝汽船事件上告審補足意見は，特定外国子会社等が赤字の場合，一定の条件の下において，実質所得者課税の原則の適用の可能性があることについて述べていることが挙げられる。

　次に，租税特別措置法第66条の6第5項は，納税者に特定外国子会社等の損益計算書等の提出を条件に，タックス・ヘイブン対策税制の選択的適用を認めていることが挙げられる。

　最後に，双輝汽船事件を評釈した森英明最高裁判所調査官による評釈は，双輝汽船事件控訴審ではなく，双輝汽船事件上告審を支持していることである。双輝汽船事件控訴審が，特定外国子会社等に該当する場合には，特定外国子会社等の赤字の繰越しは強制されると判示したのに対し，双輝汽船事件上告審は，特定外国子会社等の赤字は繰り越されることが定められているとして，課税当局のみならず，納税者の選択により実質所得者課税の原則の適用の余地を示唆している。

<納税者自らが実質所得者課税の原則の適用を主張できる一定の条件が満たされる場合とは>

　納税者自らが実質所得者課税の原則の適用を主張できる一定の条件が満たされる場合とは，細川健（2007）によれば，特定外国子会社等が赤字であり，かつ，法律的実体及び経済的実体がない法人に該当する場合である。

　細川健（2007）の議論は，双輝汽船事件上告審の補足意見，森英明最高裁判所調査官意見とも結果的に通底していて，説得力のあるものである。

## ⑷　今後の展望（第3節）の記述方法

　最後に，修士論文で明確化できたこと，実現できなかったことを中心に今後の展望（第3節）をコンパクトに記述します。

＜今後の展望＞

　この論文で，特別法であるタックス・ヘイブン対策税制と一般法である実質所得者課税の原則との関係を明確化することができた。しかしながら，題材は双輝汽船事件に限定されていて，この論文の結論にはその制約が加わることは言をまたない。

　今後は，タックス・ヘイブン対策税制に係る改正税法の動向も視野に入れながら，タックス・ヘイブン対策税制全般の研究を継続していきたい。

## ⑸　要旨の記述方法

　修士論文の要旨は全体で原則３頁以内にまとめることを目指します。要旨には，①修士論文の対象と目的，②修士論文の構成，③修士論文の概要及び④修士論文の結論を簡潔に記述しましょう。

イ　修士論文の対象と目的

　　修士論文の対象と目的を記述します。

ロ　修士論文の構成

　　修士論文の章・節の構成を具体的に示します。

ハ　修士論文の概要

　　論文の概要をできるだけ簡潔に記述します。序論を簡略化したものと考えてください。

　具体的には，序論の目的と対象の後に続く部分の簡略版を記述することになりますが，その留意点は下記の通りです。

```
―【ポイント】――――――――――――――――――――――――――――――――
・修士論文の対象と目的に加えて，リサーチ・クエスチョン（問題意識）の説明が必要
・修士論文の研究方法を提示する
・修士論文の章・節構成の説明をする
・修士論文の概要と結論を中心に記述する
```

ニ　修士論文の結論の記述方法

　　論文の目的を過去形で述べます。その直後に，最終章で記述した修士論文の結論部分を中心に記述します。

　この論文の目的は，双輝汽船事件の検討を通じて，タックス・ヘイブン対策税制（租税特別措置法第66条の６）と実質所得者課税の原則（法人税法第11条）

との関係を明らかにすることであった。この論文の目的に対する結論は以下の通りである。

> ─【ポイント】───────────────────────────
> ・この例では，「本論文の目的は……することであった」と「この論文の目的に対する結論は以下のとおりである。」をフォーマット化している
> ・論点が明確に分かるように記述し，修士論文の骨子部分を中心に記述する

　特別法であるタックス・ヘイブン対策税制と一般法である実質所得者課税の原則とは，内国法人が設立した特定外国会社等が一定の条件が満たされる場合を除いて，一般法である実質所得者課税に代えて特別法であるタックス・ヘイブン対策税制が適用される関係にある。つまり，内国法人が設立した外国子会社が特定外国子会社等に該当するとしても，一定の条件が満たされる場合，課税当局側のみならず納税者の選択により実質所得者課税の原則適用の余地があることが双輝汽船事件上告審により明らかになった。

## (6)　修士論文の最終的なチェック方法

　最後に，修士論文の最終的なチェック方法を説明します。修士論文の完成が近くなったら，修士論文構成の見直しを必ず行ってください。

　まず，各章の小括の内容を見直して，その章の要約が網羅的に記述されているかを確認します。そして，各章の小括では，その章に書いてある以外のことを記述してはいけません。さらに，最終章（結論）に修士論文の内容が網羅的に記述されているかを確認しましょう。各章の小括はそれぞれ2，3頁になるように記述します。最終章（結論）では，それまでの章で記述した以外のことを記述してはいけません。

　次に，各章の小括，最終章（結論）及び論文要旨の内容の整合性が取れているかを確認します。

　第三に，第1章（序論）と最終章（結論）以外の各章冒頭における，章の繋ぎの説明も重要なチェック事項です。各章の冒頭には，次の3つの事項を必ず簡潔に記述してください。3つの事項とは，①前章で何を記述して何が判明したのか，②この章では何を記述するのか及び③この章で②を記述する理由の3つです。さらに余裕があれば，章，節及び項それぞれの順番の見直し

を行い，＜小見出し＞の見直しを行い，＜小見出し＞同士の繋りと流れも確認します。要するに，修士論文を完成させるためには，論文全体に整合性が取れているかどうか，修士論文が論理的に流れるように記述されているかを見直す必要があるのです。

　章，節及び項の見直しには有料ソフトウエア「マインドマップ（Mind Map）」が有効です。それぞれの独立した章における節と項が適切な順番に並んでいるか，場合によっては，項の節への格上げ，節の項への格下げ及び削除を検討します。

---
**【ポイント】**

・最終章（結論）と第2章から第○章までの最終節（小括）の見直しをして，内容的に齟齬がないか，最終章（結論）に議論が網羅されているかを確認
・各章の冒頭には，①前章で何を記述して何が判明したのか，②この章では何を記述するのか，③この章で②を記述する理由を必ず簡潔に記述
・「マインドマップ（Mind Map）」を用いて，節と項が適切な順番に並んでいるか，項の節への格上げ，節の項への格下げ及び削除を検討
・最後に要旨と最終章（結論）の見直しをして，内容的に齟齬がないかを確認

---

## この章のまとめ

　修士論文の結論は，自分が本当に書きたいことが集約されていなければなりません。そして，それは，序論に示した修士論文の目的とリサーチ・クエスチョンと整合性が取れている必要があります。

　修士論文の目的を過去形で記述した後に，論文の結論を簡潔に述べる必要があります。また，各章の小括の内容が，その章の内容を網羅的に表しているか，さらに，結論で記述した内容と論文の要旨が内容的に齟齬がないかも最後に見直しましょう。

# 6　修士論文作成上の基本ルール

## この章で学ぶこと

　この章では，修士論文作成上の基本的ルールを整理しています。以下の説明はマッキントッシュの最新機種に合わせてありますので，皆さんが使うそれぞれのコンピュータ機器の機種，バージョンに合わせて，自分のための覚書を作成する意識でこれを読んでください。

　当然ながら，各大学及び大学院で決まっているフォーマット（形式）がある場合には，それに合わせて，それぞれの要項を優先し，要項に基づいて記述する必要があることを念のために申し添えます。

## (1)　文書のレイアウト等

　「人形は顔が……」，「人は見た目が……」と言われますが，修士論文は形式が命です。各大学及び大学院の要項がある場合は，要項を熟読し，それにしたがってください。以下に箇条書きで文章のレイアウト等の留意点を記述します。

```
┌─【ポイント】──────────────────────────
│ ・12ポイントの MS 明朝が修士論文の本文の基本
│ ・余白は，上が35ミリ，下が25ミリ，左が30ミリ，右25ミリ
│ ・余白は，「レイアウト」で調整する
│ ・文字数は，35行30字を「書式」と「文書のレイアウト」で設定する
│ ・見出し1は章，2は節，見出し3は項に該当
│ ・見出し4，5，6，7は次の区切りを必ず用いる
│ 　 1　2　3　4（全角）
│ 　(1) (2) (3)（半角）
│ 　イ　ロ　ハ　ニ（全角）
│ 　(イ) (ロ) (ハ) (ニ)（全角）
│ ・それ以下の見出しは，＜小見出し＞を付けながら本文を記述していく
└──────────────────────────────────
```

## (2) 参考文献（引用文献と参照文献）のポイント数等

【ポイント】
・参考文献は10.5ポイントの MS 明朝が基本
・参考文献は，通常，引用文献と参照文献に分けて記述する

## (3) 章，節及び項の設定と記述方法について

イ　章の設定と記述方法について

第1章

【ポイント】
・必ず「改ページ」を入れてページの頭に第○章が来るようにする
・1行空けて，1字下げて本文を書き始める
・「第1章」を範囲指定して，ホーム，見出し1をクリック
・見出しは MS 明朝・太字・14ポイント，本文は MS 明朝・12ポイント

ロ　節の設定と記述方法について

第1節

【ポイント】
・第1節以降，「改ページ」は入れない
・「第1節」の前は必ず1行空けて書き始める
・「第1節」の後は，行を空けずに1字下げて書き始める
・「第1節」を範囲指定して，ホーム，見出し2をクリック
・見出しは MS 明朝・太字・12.5ポイント，本文は MS 明朝・12ポイント

ハ　項の設定と記述方法について

第1項

【ポイント】
・「第1項」の前は必ず1行空けて書き始める
・「第1項」の後は，行を空けずに1字下げて書き始める
・見出しは MS 明朝・太字・12ポイント，本文は MS 明朝・12ポイント
・第1項の後は，行を空けずに1字下げて書き始める
・ドラッグせずに，ホーム，見出し3をクリック
・要素（重要な論点，キー・フレーズ）と構成を意識する
・「表示」，「サイドバー」及び「見出しマップウインドウ」を用いる
・目次を常に表示することにより，要素(重要な論点，キー・フレーズ)と構成を意識する

ニ　章，節及び項以降の番号割り振りの基本方針について

　章，節及び項の後をどのように区分するのかについて，多々混乱があります
ので，統一が必要です。修士論文の見出しは統一的に記述する必要があり
ます。

```
┌─【ポイント】─────────────────────────
│ ・１　２　３　４
│   章，節及び項の下はこの区切りから始める
│   （１桁なので全角算用数字を用いる）
│ ・(1) (2) (3) (4)
│   半角丸括弧＋半角数字＋半角丸括弧で閉じる
│ ・イ　ロ　ハ　ニ
│   全角カタカナ
│ ・（イ）（ロ）（ハ）（ニ）
│   全角丸括弧＋全角カタカナ＋全角丸括弧で閉じる
│ ・①，②，③及び④は，見出しには絶対に使わない
└──────────────────────────────────
```

　修士論文の見出しには，文章内の区切りとは区別が必要であり，それぞれ
に別の表記を使うことが重要です。つまり，「①，②，③及び④」又は「ⅰ），
ⅱ），ⅲ）及びⅳ）」等は，文章内に登場する区切りにのみ用いて，章，節及
び項以下の区切りには使いません（もちろん，文章の区切りには別の方法もあるで
しょう）。

　「①，②，③及び④」を修士論文の見出しに使いながら，文章内の区切り
にも使う方々が非常に目立ちますが，それは明確で誤解のない記述をしなけ
ればならない修士論文にとって，無用の混乱を生むことになるので絶対に避
けるべきことの１つです。


## (4)　脚注の書き方

　脚注には，本文の流れとは違う議論で重要性が高いものや，本文の補足情
報として必要なものを選択して挿入します。ここで注意してほしいのは，脚
注だけで主語，述語及び目的語等を完結させなければいけないということで
す。そうすることで，論文審査をする第三者である読み手に，修士論文を読
むときに，本文と脚注との間を行ったり来たりさせないことが肝要です。

```
┌─【ポイント】──────────────────────────────────┐
│ ・脚注は，MS明朝本文9ポイントが基本                      │
│ ・脚注は，脚注のみで独立した文章として成立するように記述する          │
│ ・論文審査をする第三者である読み手に，本文と脚注を行ったり来たりさせないこと │
│   が肝要                                        │
└──────────────────────────────────────────┘
```

表6-1　本文等のポイントの整理

| 本文 | 12ポイント／MS明朝・太字 | 左寄せ |
|---|---|---|
| 章見出し | 14ポイント／MS明朝・太字 | 中央揃え |
| 節見出し | 12・5ポイント／MS明朝・太字 | 左寄せ |
| 項見出し | 12ポイント／MS明朝・太字 | 左寄せ |
| 参考文献 | 10・5ポイント／MS明朝 | 左寄せ（見出しは中央揃え，12ポイント／MS明朝・太字） |
| 脚注 | 9ポイント／MS明朝 | 左寄せ |

（表は横井隆志（2016）を基に作成）

## ⑸　ブロック引用の説明

　修士論文に限らず，論文の作成では，原文が3行を超える部分は括弧引用ではなく，ブロック引用（佐渡島紗織＝吉野亜矢子, 2008, pp.72-79）を用いることが通常行われます。以下に，金子宏（2019）による「重加算税の目的と通常の加算税との関係の説明」を用いてブロック引用を説明します。ブロック引用の形式は，①導入部分，②＜小見出し＞，③引用部分，④引用部分のまとめ及び⑤自分の意見等の5つのパートに分かれます。以下，具体的なブロック引用を用いた記述を太字で示し，記述上の注意事項を箇条書きで示します。
イ　ブロック引用の紹介・導入部分
　ブロック引用の紹介・導入部分として，どのような内容の文献を引用するのかを簡略に説明する1文を入れる必要があります。
　金子宏は重加算税の目的と通常の加算税との関係について次のように説明している。
ロ　＜小見出し＞によりブロック引用部分を1文で表す
　＜小見出し＞を用いて要素（重要な論点，キー・フレーズ）を1文で言い表します。＜小見出し＞は少々長くなっても構わないので，読み手に誤解を与えないように工夫して記述します。

ハ　ブロック引用部分を記述

　ブロック引用の場合は，１行空けて，１字下げずに＜小見出し＞を設定します。＜小見出し＞を含むブロック引用全体を３字下げにします。３字下げのインデントは，＜小見出し＞を含むブロック引用全体を範囲指定しておいて「インデントを増やす」を３回押すことで設定できます。

　ブロック引用が終わったら句点を入れ，（金子宏, 2019, pp.890）を右揃えで入れます。

　　　　＜金子宏が説明する重加算税の目的と通常の加算税との関係＞

　　　　　重加算税は，納税者が隠蔽・仮装という不正手段を用いた場合に，これに特別に重い負担を課すことによって，申告納税制度および源泉徴収制度の基盤が失われるのを防止することを目的とするものである。通常の加算税と重加算税とは，別個独立の処分ではなく，後者の賦課処分は，前者の税額に一定の金額を加えた額の加算税を賦課する処分であり，通常の加算税の賦課に相当する部分をその中に包含していると解すべきであろう（最判昭和58年10月27日民集37巻８号1196頁）。

　　　　　　　　　　　　　　　　　　　　　　　　　　（金子宏, 2019, p.890）

---

【ポイント】
・ブロック引用の場合，必ず句点を打ってブロック引用を終える
・出典は「全角丸括弧，執筆者，半角コンマ，半角空け，発行年（半角），半角コンマ，半角空け，頁（半角），全角丸括弧閉じる」の形式で記述し，必ず右揃えにする
・出典を表記する（金子宏, 2019, p.890）

---

　　　　＜交際費等の範囲と贈与＞

　　　　　最も問題になる贈与についてみても，明らかに交際費等とされる盆，暮れの贈答又はこれに類するものから，反対給付のない一方的な行為として行うもの，広告宣伝のために行うもの等種々の性質のものがあり，これらを全て交際費等に含めることになっているわけではな（い）。（下線と括弧書きは筆者）

　　　　　　　　　　　　　　　　　　　　　　　　　（大澤幸弘, 2015, p.363）

＜法人税法第37条第８項が規定する低額譲渡と寄附金の関係＞

　　内国法人が資産の譲渡又は経済的な利益の供与をした場合において，その譲渡又は供与の対価の額が当該資産のその譲渡の時における価額又は当該経済的な利益のその供与の時における価額に比して低いときは，当該対価の額と当該価額との差額のうち実質的に贈与又は無償の供与をしたと認められる金額は，……（中略）……寄附金の額に含まれるものとする。

（法人税法第37条第８項）

ニ　ブロック引用部分のまとめ（自分の言葉で言い換える）

　金子宏は，重加算税の目的を，「……納税者が隠蔽・仮装という不正手段を用いた場合に，これに特別に重い負担を課すことによって，申告納税制度および源泉徴収制度の基盤が失われるのを防止することを目的とする」と説明する。また，金子宏は，通常の加算税と重加算税の関係を「……別個独立の処分ではなく，後者の賦課処分は，前者の税額に一定の金額を加えた額の加算税を賦課する処分であ」ると説明する。したがって，金子宏は重加算税賦課決定処分は，通常の加算税の賦課決定処分を包含していると考えている。

ホ　ブロック引用部分に対する自分の意見

　金子宏は，重加算税の目的を，納税者が仮装又は隠蔽という不正手段を用いた場合に，申告納税制度及び源泉徴収制度の基盤を守るために，重い負担を課すと説明している。つまり，金子宏は，重加算税制度を脱税に伴う刑事罰と峻別し，行政罰の一種であることに基づいて，重加算税の目的を説明している。また，国税通則法第68条第１項の「当該隠蔽し又は仮装されていない事実に基づく税額……（中略）……に係る過少申告加算税に代え，」という

規定の文理解釈に基づいて，重加算税賦課決定処分は通常の加算税の賦課決定処分をその中に包含していると説明している。

---【ポイント】----------------------------------------

・ブロック引用のまとめ文は1行空けて書き始める
・ブロック引用のまとめ文，引用文には「（金子宏，2019, p.890）」は入れない

--------------------------------------------------

　ブロック引用の形式である，イ　導入部分，ロ　＜小見出し＞，ハ　引用部分，ニ　引用部分のまとめ及びホ　自分の意見は，ひと固まりのものと考えて，ブロック引用の最後に（金子宏，2017, pp.890）等の出典表記を入れます。パラフレーズ（文章の言い換え）が難しい場合には，上記の例のように，括弧引用を用いても構いません。

## ⑹　括弧引用（キーワード引用）の事例

　金子宏は，重加算税の目的について，「重加算税は，納税者が隠蔽・仮装という不正手段を用いた場合に，これに特別に重い負担を課すことによって，申告納税制度および源泉徴収制度の基盤が失われるのを防止することを目的とするものであ」る（金子宏，2019, p.890）と説明する。

---【ポイント】----------------------------------------

・括弧引用（キーワード引用）の場合は，その直後に（金子宏，2019, p.890）を入れる

--------------------------------------------------

## ⑺　（金子宏，2019, p.55），金子宏（2019）及び（p.55）の使い分け

　出典の表記については，以下のような記載方法が考えられます。

　金子宏は〇〇について「△△」（金子宏，2019, p.55）と述べている。
　金子宏（2019）は〇〇について「△△」（p.55）と述べている。

---【ポイント】----------------------------------------

・修士論文では（金子宏，2019, p.55）部分を脚注に記述する方法もある（附録の租税法論文はその方法で記述）

--------------------------------------------------

金子宏（2019）は〇〇について「△△」（金子宏, 2019, p.55）と述べている。

― 【ポイント】 ―――――――――――――――――――――――――――――
・間違いではないが，やや，くどい感じが否めない

## (8) 複数の文献に係る引用の場合の注意事項

残余利益分割法は，法人及び国外関連者が国外関連取引において共に独自の機能を有する場合に適用され，関連当事者が無形資産を有する際に有効な方法であると考えられている（望月文夫, 2005, pp.55-61；高久隆太, 2005, p.88）。

― 【ポイント】 ―――――――――――――――――――――――――――――
・複数の先行文献等を閲覧して，制度の沿革，歴史を記述する場合，多くの論者が同じことを書いている場合が多いので，複数の出典を示しながら記述する
・何も出典を示さないと，本当に執筆者のオリジナルの記述なのか，剽窃ではないかという誤解を受ける可能性あり
・複数の先行文献等の出典は；（セミコロン）で繋ぐ（：コロンではない）

## (9) 裁判資料（裁判例）と審級関係の具体的な記述方法

裁判資料（裁判例）を利用する場合，修士論文の章や節の冒頭で，対象になる裁判例の裁判所名，判決日，事件番号，通称の事件名及びデータベース名等（脚注表示）を入れておくと，引用の誤り等混乱が起きにくくなります。以下，事例を用いて説明します。裁判資料（裁判例）と審級関係の実際の記述を太字で示し，記述上の注意事項を箇条書で示します。

＜設例１＞
東京地方裁判所平成元年10月５日判決（昭和59年（行ウ）第62号）法人税課税処分取消請求事件（〇〇事件第一審）[1]
東京高等裁判所平成２年８月30日判決（平成元年（行コ）第108号）法人税課税処分取消請求控訴事件（〇〇事件控訴審）[2]

――――――――――――――――――――――――――――――――――――――
(1) 【データベース名】日税連税法データベース（TAINS）【文献番号】Z174-6370
【データベース閲覧日】平成27年10月20日
(2) 【データベース名】日税連税法データベース（TAINS）【文献番号】Z180-6564
【データベース閲覧日】平成27年10月20日

　最高裁判所平成3年4月23日第三小法廷判決（平成3年（行ツ）第12号）法人税課税処分取消請求上告事件（○○事件上告審）[3]


＜設例2＞

　大阪地方裁判所昭和58年2月8日判決（昭和57年（行ウ）第27号）法人税更正処分取消請求事件（PL農場事件第一審）[4]

　大阪高等裁判所昭和59年6月29日判決（昭和57年（行コ）第9号）法人税更正処分取消請求控訴事件（PL農場事件控訴審）[5]

┌─【ポイント】──────────────────────────────┐
│　・裁判所名・判決日・最高裁判所であれば法廷名を記述する（事件番号，事件番号が
│　　分からない場合は「事件番号不詳」と記述する）
│　・事件名（事件に通称があれば括弧書き，控訴審，上告審がある場合はその旨を記述
│　　する）
│　・算用数字は1桁全角，2桁半角が基本
│　・脚注に【データベース名】○○○，【文献番号】○○○，【データベース閲覧日】令
│　　和○年○月○日を入れる
│　・データベース名，文献番号及びデータベース閲覧日は隅付きパーレン括弧で囲む
└──────────────────────────────────────┘


＜設例3＞

　東京地方裁判所平成26年8月28日判決（平成23年（行ウ）第164号）法人税更正処分等取消請求事件（ホンダ事件第一審）[6]

┌─【ポイント】──────────────────────────────┐
│　・ホンダ事件の第一審，控訴審を区分する必要がある場合は括弧の中に第一審を入れ
│　　る，以下同様
└──────────────────────────────────────┘

---

(3) 【データベース名】日税連税法データベース（TAINS）【文献番号】Z183-6696
　　【データベース閲覧日】平成27年10月20日
　　【データベース名】TKC法律情報データベース【文献番号】22005488
　　【データベース閲覧日】平成27年10月20日
(4) 【データベース名】TKC法律情報データベース【文献番号】21077690
　　【データベース閲覧日】平成27年10月20日
(5) 【データベース名】TKC法律情報データベース【文献番号】21080582
　　【データベース閲覧日】平成27年10月20日
(6) 【データベース名】裁判所裁判例情報【文献番号番号】
　　＜http://www.courts.go.jp/app/files/hanrei_jp/779/084779_hanrei.pdf＞
　　・文献番号番号の代わりにURLを入れます
　　【データベース閲覧日】平成27年4月26日

＜設例4＞

　第○章第○節では，国税不服審判所平成22年9月9日裁決（東裁（法）平22第58号）[7]（以下「ホンダ事件裁決」という。），東京地方裁判所平成26年8月28日判決（平成23年（行ウ）第164号）法人税更正処分等取消請求事件（以下「ホンダ事件第一審」という。）[8]及び東京高等裁判所平成27年5月13日判決（平成26年（行コ）第347号）法人税更正処分等取消請求控訴事件（以下「ホンダ事件控訴審」といい，ホンダ事件裁決及びホンダ事件第一審と併せて「ホンダ事件」という。）[9]について説明する。

> 【ポイント】
> ・下記のような言い回しは，統一的に使う
> 　（以下「……」という。）
> 　（以下「……」といい，○○と併せて「……」という。）

＜設例5＞

　東京地方裁判所平成24年4月27日判決（平成21年（行ウ）第581号）法人税更正処分取消等請求事件（エクアドルバナナ事件第一審）[10]

＜設例6＞

　国税不服審判所平成22年1月27日裁決（平成21年 東裁（法）第108号）TDK事件[11]

> 【ポイント】
> ・国税不服審判所，「東京」は「東裁」により，裁決番号で示すので入れない
> ・裁決番号が分からない場合は「裁決番号不詳」と入れる

---

[7] 筆者は情報公開法に基づき，平成○年○月○日に東京国税不服審判所管理課に対して情報開示請求を行った。その結果，平成○年○月○日に当該資料を取得した。（通称は国税不服審判所・黒塗り資料）
[8] 【データベース名】裁判所裁判例情報【データベース番号】
　＜ http://www.courts.go.jp/app/files/hanrei_jp/779/084779_hanrei.pdf ＞
　・データベース番号の代わりにURLを入れ，全角山形括弧で囲む
　【データベース閲覧日】平成27年4月26日
[9] 【データベース名】TKC法律情報データベース【データベース番号】○○○【データ閲覧日】○○○
[10] 【データベース名】国税庁税務訴訟資料【文献番号】第262号−94（順号11944）
　【データベース閲覧日】平成26年9月30日
[11] 筆者は情報公開法に基づき，平成○年○月○日に東京国税不服審判所管理課に対して情報開示請求を行った。その結果，平成○年○月○日に当該資料を取得した。（通称は国税不服審判所・黒塗り資料）

＜設例7＞

　第○章第○節では，東京地方裁判所平成14年9月13日判決（平成11年（行ウ）第20号）(12)法人税更正処分取消請求事件（以下「萬有製薬第一審」という。)(13)及び東京高等裁判所平成15年9月9日判決（平成14年（行コ）第242号）法人税更正処分取消請求控訴事件(14)（以下「萬有製薬事件控訴審」といい，萬有製薬第一審と併せて「萬有製薬事件」という。）について説明する。

> ─【ポイント】
> ・萬有製薬第一審，萬有製薬事件控訴審を個別に説明すると同時に，萬有製薬事件全体について説明する場合の前書きの例示
> ・修士論文の早い段階で事件の定義を明確化する

＜設例8＞

　第○章第○節では，横浜地方裁判所平成4年9月30日判決（昭和3年（行ウ）第25号）法人税更正処分取消請求事件（オートオークション事件第一審）（以下「オートオークション事件第一審」という。)(15)，東京高等裁判所平成5年6月28日判決（昭和5年（行コ）第110号）法人税更正処分取消請求控訴事件（オートオークション事件控訴審）（以下「オートオークション事件控訴審」という。)(16)及び最高裁判所第一小法廷平成10年1月22日判決（昭和5年（行ツ）第167号）法人税更正処分取消請求上告事件（オートオークション事件上告審）(17)（以下「オートオークション事件上告審」といい，オートオークション事件第一審及びオートオークション事件控訴審と併せて「オートオークション事件」という。）について説明する。

---

(12)【データベース名】TKC法律情報データベース【文献番号】28080339
　　【データベース閲覧日】2014年10月28日
(13)【データベース名】TKC法律情報データベース【文献番号】28080339
　　【データベース閲覧日】2014年10月28日
(14)【データベース名】TKC法律情報データベース【文献番号】28082672
　　【データベース閲覧日】2014年10月28日
(15)【データベース名】TKC法律情報データベース【文献番号】22006101
　　【データベース閲覧日】2015年4月16日
(16)【データベース名】TKC法律情報データベース【文献番号】22006691
　　【データベース閲覧日】2015年4月16日
(17)【データベース名】TKC法律情報データベース【文献番号】28050913
　　【データベース閲覧日】2015年4月16日

## ⑽ 参考文献（引用文献と参照文献）の具体的作成方法

　次に，引用文献リストの記述方法を示します。引用文献と参照文献をまとめて「参考文献」として記述する方法もありますが，通常は，引用文献は参照文献とは分けて記述します。修士論文執筆のために収集した引用文献等は当初は参照文献リストに記載していきます。そして，本文に引用するごとに参照文献リストから引用文献リストに移していきます。

イ　引用文献の具体的記述方法

　引用文献は，＜書籍及び雑誌＞，＜インターネット＞，＜データベース＞及び＜参考裁判例＞に分けて記述しますが，ここでは＜書籍及び雑誌＞と＜インターネット＞の記述について説明します。注意事項は箇条書で示します。

　引用文献は，＜書籍及び雑誌＞，＜インターネット＞，＜データベース＞及び＜参考裁判例＞から成っていて，下記の形式にしたがって，順番に記述します。

引用文献

＜書籍及び雑誌＞

＜インターネット＞

＜データベース＞

＜参考裁判例＞

ロ ＜書籍及び雑誌＞の具体的記述方法

• 単行本（単著）の場合

細川健 . 2000.『M&A と営業権（のれん）の税務』. 税務研究会出版局 . pp.45-46.

┌─【ポイント】─────────────────────────────────┐
・著者名，半角ピリオド＋半角スペース，発行年（半角），半角ピリオド＋半角スペー
ス，『書籍名（副題とも）』，半角ピリオド＋半角スペース，版数（第 2 版以降がない
場合には入れる必要なし），半角ピリオド＋半角スペース，発行所，半角ピリオド＋
半角スペース，頁数，半角ピリオド
・書籍データはアマゾン，論文データはサイニー（CiNii）＜ http://ci.nii.ac.jp/ ＞で確
認する
・2 行目以降は全角で 3 字下げる
└───────────────────────────────────────┘

Roberts, L.C. 1997. *From knowledge to narrative: Educators and the changing museum.* Washington, DC: Smithsonian Institution. p.34.

┌─【ポイント】─────────────────────────────────┐
・著者名，半角ピリオド＋半角スペース，発行年，半角ピリオド＋半角スペース，欧
文書籍名，コロン＋半角スペース，副題名，発行された都市名，コロン，半角ス
ペース，出版社名，半角ピリオド＋半角スペース，ページ数，ピリオド
・著者名等がピリオドで終わっているのであれば，ピリオドは不必要
・副題名がある場合はピリオドでなくコロンでつなぐ
・都市名と出版社名はピリオドでなくコロンでつなぐ
・英文書籍名は斜字体にし，実際の表記にかかわらず，単語の 1 文字目だけ大文字に
する（副題名も同じ）（小笠原喜康 , 2009, pp.50-51）
└───────────────────────────────────────┘

• 単行本（共著）に収録された論文の場合

細川健 . 2014.「第13章 コンピュータ・ソフトウェアの課税問題 ―著
作権使用料（所得税法第161条第 7 号）の課税要件の構築―」. 日本知財学
ゼミナール編集委員会 .『知的財産イノベーション研究の展望 明日
を創造する知財学』. 白桃書房 . pp.341-368.

┌─【ポイント】─────────────────────────────────┐
・著者名，半角ピリオド＋半角スペース，発行年，半角ピリオド＋半角スペース，「論
文名（副題）」，半角ピリオド＋半角スペース，編者名，半角ピリオド＋半角スペー
ス，『書籍名（副題がある場合には―で繋ぎ―で閉じます）』，半角ピリオド＋半角ス
ペース，発行所，半角ピリオド＋半角スペース，頁数，半角ピリオド
・論文の副題は全角ダッシュ「―」で囲む
└───────────────────────────────────────┘

White, H. 1980. The Value of Narrativity in the Presentation of Reality. Mitchell, W. J. ed. *On Narrative.* Chicago: The University of Chicago Press. pp.5-27.

> 【ポイント】
> ・著者名，半角ピリオド＋半角スペース，発行年，半角ピリオド＋半角スペース，論文名，半角ピリオド＋半角スペース，編集者名，半角ピリオド＋半角スペース，編(ed.)，半角ピリオド＋半角スペース，雑誌名，半角ピリオド＋半角スペース，発行された都市名，コロン＋半角スペース，出版社名，半角ピリオド＋半角スペース，ページ数，ピリオド

Lowe, T. and Puxty, T. 1989. The Problems of a Paradigm: A Critique of the Prevailing Orthodoxy in Management Control. Chua, W. F., Lowe, T. and Puxty, T. eds. *Critical Perspectives in Management Control.* London: Macmillan:

> 【ポイント】
> ・著者名，ed. 等半角ピリオドで終われば，半角ピリオドは不要
> ・副題名がある場合はピリオドでなくコロンでつなぐ
> ・都市名と出版社はピリオドでなくコロンでつなぐ
> ・英文書籍名は斜字体にし，実際の表記にかかわらず，単語の一文字目だけ大文字にする（副題名も同様）（小笠原喜康，2009, pp.50-51）

● DHC コンメンタールの場合

武田昌輔 . 1979.『DHC コンメンタール　法人税法』. 第一法規出版 .

武田昌輔 . 1983.『DHC コンメンタール　所得税法』. 第一法規出版 .

武田昌輔 . 1989.『DHC コンメンタール　消費税法』. 第一法規出版 .

武田昌輔 . 1982.『DHC コンメンタール　国税通則法』. 第一法規出版 .

> 【ポイント】
> ・著者名，半角ピリオド＋半角スペース，発行年（半角），半角ピリオド＋半角スペース，『書籍名　税目』，半角ピリオド＋半角スペース，発行所，半角ピリオド
> ・発行年は，加除式の追録が行われた年ではなく，引用した当該税目のコンメンタールが発行された年を記載

● 税法専門誌掲載論文の場合（その１）

細川健 . 2007.「遠洋漁業を行う船舶に乗船させた外国人漁船員の人的役務の提供の対価は国内源泉所得に該当し，源泉義務があるとした事例―国税不服審判所平成18年１月25日裁決―」.『月刊　税務事例』. 第39巻第７号 . pp.21-25.

┌─【ポイント】────────────────────────────────┐
- 著者名（共著の場合は全角イコールで結ぶ），半角ピリオド＋半角スペース，発行
  年（半角），半角ピリオド＋半角スペース，「論文名（副題）」，半角ピリオド＋半角
  スペース，『税法専門誌名』雑誌の場合は発行所は入れない，半角ピリオド＋半角ス
  ペース，巻数号数（第○巻第○号，算用数字1桁は全角，2桁は半角），半角ピリオ
  ド＋半角スペース，頁数，半角ピリオド
- 論文の副題は全角ダッシュ「─」で囲む
└──────────────────────────────────────┘


Carney, J. D. 1981. Wittgenstein's theory of picture representation. *J. of Aesthetics and Criticism,* Vol. 40. No. 2. p.182.

┌─【ポイント】────────────────────────────────┐
- 著者名，（半角ピリオド）＋半角スペース，発行年，半角ピリオド＋半角スペース，
  論文名，半角ピリオド＋半角スペース，雑誌名，半角カンマ＋半角スペース，第40
  巻は Vol 半角ピリオド＋半角スペース，第2号は No 半角ピリオド＋半角スペース，
  頁数，ピリオド
- 著者名等半角ピリオドで終われば，半角ピリオドは不要
- 欧文雑誌名は斜字体にし，欧文書籍名と違って，欧文雑誌名は表記のままとする（小
  笠原喜康 , 2009, pp.52-53）
└──────────────────────────────────────┘


- 税法専門誌掲載論文の場合（その2）

  細川健＝川口和歌子. 2008.「M＆Aの最新税務問題（第22回）無形資産と経営指導料の税務─東京地裁平成12年2月3日判決（フィリップスグループ事件）の分析を中心にして─」.『税務弘報』. 第56巻第6号 . pp.127-141.

┌─【ポイント】────────────────────────────────┐
- 著者名（共著の場合は全角イコールで結ぶ），半角ピリオド＋半角スペース，発行年
  （半角），半角ピリオド＋半角スペース，「論文名（副題）」，半角ピリオド＋半角ス
  ペース，『税法専門誌名』雑誌の場合発行所は入れない，半角ピリオド＋半角スペー
  ス，巻数号数（第○巻第○号，算用数字1桁は全角，2桁は半角），半角ピリオド＋
  半角スペース，頁数，半角ピリオド
- 論文の副題は全角ダッシュ「─」で囲む
└──────────────────────────────────────┘


ハ　＜インターネット＞の具体的記述方法

＜インターネット＞

政府税制調査会答申 . 1960.「当面実施すべき税制改正に関する答申（税制調査会第一次答申）及びその審議の内容と経過の説明」.『税制調査会答申集』＜ http://www.soken.or.jp/p_document/zeiseishousakai_pdf/s_s3512_toumenjissisubekizeiseikaisei.pdf ＞【インターネット閲覧日】

平成26年12月26日．

```
┌─【ポイント】──────────────────────────────┐
│ ・答申発行機関，発行年，答申名，答申掲載資料名を記述する          │
│ ・＜URL＞は山形全角括弧で囲んで必ず記述する                │
│ ・インターネット閲覧日は必須，全角隅付きパーレン括弧で囲む        │
└──────────────────────────────────────┘
```

国税不服審判所．公表裁決事例集．平成26年10月 9 日裁決．＜ http://www.
kfs.go.jp/service/JP/97/04/index.html ＞【インターネット閲覧日】平
成27年11月 8 日

```
┌─【ポイント】──────────────────────────────┐
│ ・掲載機関名，資料名及び判決日（裁決日）                 │
│ ・＜URL＞は山形全角括弧で囲んで必ず記述する                │
│ ・インターネット閲覧日は必須，全角隅付きパーレン括弧で囲む        │
└──────────────────────────────────────┘
```

ニ　参照文献の具体的記述方法

　参照文献は，＜書籍及び雑誌＞，＜インターネット＞，＜データベース＞
及び＜参考裁判例＞に分けて記述しますが，ここでは＜書籍及び雑誌＞，
＜インターネット＞及び＜データベース＞の記述について説明します。

**参照文献**

＜書籍及び雑誌＞

＜インターネット＞

＜データベース＞

＜参考裁判例＞

```
┌─【ポイント】──────────────────────────────┐
│ ・参照文献の本文の見出しはMS明朝・太字・12ポイント，中央揃えで記述する │
│ ・参照文献はMS明朝・10.5ポイントで記述する                │
│ ・参照文献に記述した文献は，本文に引用の都度，参照文献リストから引用文献リス│
│ 　トに移していく                              │
└──────────────────────────────────────┘
```

ホ　＜書籍及び雑誌＞の具体的な記述方法

**＜書籍及び雑誌＞**

東京地方裁判所平成21年 5 月28日判決（平成18年（行ウ）第322号）法人税更
　正処分取消等請求事件（来料加工事件第 1 審）税務訴訟資料第259号（順
　号11217）

東京地方裁判所平成21年5月28日判決（平成18年（行ウ）第322号）法人税更
　　正処分取消等請求事件（来料加工事件第1審）訴訟月報第59巻第1号30
　　頁

┌─【ポイント】────────────────────────────────────┐
│ ・判決名，雑誌名，巻号及び最初の頁数を入れる
│ ・実際にデータベースを用いて判例タイムス及び租税資料等を閲覧していない場合，
│ 　この形式は使用不可
└──────────────────────────────────────────┘


へ　＜データベース＞の具体的な記述方法

＜データベース＞

東京地方裁判所平成21年5月28日判決（平成18年（行ウ）第322号）法人
　　税更正処分取消等請求事件（来料加工事件第1審）【データベース名】
　　Westlaw Japan【データベース番号】2001WLJPCA11090004【データ
　　ベース閲覧日】平成27年11月8日

東京地方裁判所平成21年5月28日判決（平成18年（行ウ）第322号）法人税更
　　正処分　取消等請求事件（来料加工事件第1審）【データベース名】TKC
　　法律情報データベース【データベース番号】25451091【データベース
　　閲覧日】平成27年11月8日

東京高等裁判所平成23年8月30日判決（平成21年（行コ）第236号）法人税
　　更正処分取消等請求控訴事件（来料加工事件控訴審）【データベース名】
　　TKC法律情報データベース【データベース番号】2544435【データ
　　ベース閲覧日】平成27年11月8日

最高裁判所平成25年12月11日第二小法廷決定（事件番号不詳）法人税更正処
　　分取消等請求上告及び上告受理事件（来料加工事件上告審）【データベー
　　ス名】TKC法律情報データベース【データベース番号】25506471
　　【データベース閲覧日】平成27年11月8日

┌─【ポイント】────────────────────────────────────┐
│ ・裁判所名，判決日，（事件番号），事件名（通称事件名）の順番で記述する
│ ・データベース名，データベース番号及びデータベース閲覧日は，隅付きパーレン括
│ 　弧で囲む
└──────────────────────────────────────────┘

ト ＜インターネット＞の具体的な記述方法

＜インターネット＞

東京地方裁判所平成24年４月27日判決（平成21年（行ウ）第581号）エクアドル
　バナナ事件【インターネットページ名】＜ http://www.shoumudatabase.
　moj.go.jp/search/html/upfile/geppou/pdfs/d05907/s05907011.pdf ＞訴訟
　判例事例集 . 訟務月報 . 第59巻第７号 . 1937頁 .【インターネット閲覧
　日】2015年６月17日

東京地方裁判所平成21年５月28日判決（平成18年（行ウ）第322号）法人税
　更正処分取消等請求事件（来料加工事件第１審）【インターネットペー
　ジ名】＜ http://www.nta.go.jp/ntc/soshoshiryo/kazei/2009/pdf/11217.
　pdf ＞国税庁 . 税務大学校 . 税務訴訟資料 . 第259号（順号11217）【イン
　ターネット閲覧日】平成27年11月８日

---

**【ポイント】**

・裁判所名，判決日，（事件番号），事件名（通称事件名）の順番で記述する
・＜ URL ＞のように，URL は全角山形括弧で閉じる
・インターネット閲覧日は必須，全角隅付きパーレン括弧で囲む

---

## この章のまとめ

　この章では，修士論文の作成方法の基本ルールを確認しました。もちろ
ん，それぞれの大学院の修士論文要項に規定があれば，それを優先するべき
ことは言うまでもありません。修士論文は形式が命です。附録の「租税法論
文　役務提供に係る原価の交際費等非該当性と交際費等の判断基準の明確化
─オリエンタルランド事件の交際費等分析フレームワークによる検討─」で
は，あえて，異なる脚注の付け方を示してありますので参考にしてください。

# 7　修士論文の執筆上の注意点

## この章で学ぶこと

　このセクションの表題は，「7　修士論文の執筆上の注意点」となっています。修士論文の執筆上の注意点及び資料の集め方と読み方を中心に気が付いたことを，覚書的に，累積的にまとめてみました。

　このセクションの内容は，筆者が教鞭を執っている大学院学内ウェブサイト上に公開した「修士論文の資料の集め方と読み方」を，修士論文執筆中の社会人大学院生からのたくさんの質問，コメントを反映して，更に何度も書き直したものです。

　ここに書いてあるのは，大部分は修士論文を作成する上で極めて基礎的な話です。しかしながら，重要な話が多々含まれていますので，しっかりと読み込んでください。

　修士論文作成の入口で失敗し，長期間，修士論文作成が停滞している方々が少なくないことが社会人大学院生の修士論文指導を通じて分かりました。そして，それは，どこの大学院にも共通する大問題のようです。さらに，修士論文の指導を通じて，修士論文作成が上手くいかない方々，途中で行き詰まってしまう方々には複数の共通点があることも分かってきました。

　繰り返しになりますが，社会人大学院生が修士論文を，働きながら，限られた2年弱という期間で作成する上で非常に重要な話が多々含まれていますので，この「7　修士論文の執筆上の注意点」を熟読し，今後の修士論文の作成に取り組んでいただきたいと思います。

　修士論文を効率的に，かつ，高い品質を保ちながら完成させるためには，ここでお伝えする内容を実行に移していただくことが最善の道であると確信

していますが，納得いただけた部分のみで，自分の修士論文作成に取り込んでいただくだけでも構いません。しかしながら，以下の各項目は，修士論文の指導教員の立場で，多くの社会人大学院生を指導してきた経験から，修士論文を作成するに当たってこれらの点を注意することが絶対に必要であると筆者が感じていることを記述しています。決して不必要なこと，無意味なことを記述したわけではありませんので，修士論文を執筆することを志す方々には，その点を心にとどめて，以下をお読みいただければと思います。

　社会人大学院生と修士論文の指導教員の共通目標は，2年弱という最短の時間で効率良く，なおかつ，第三者の審査にも堪え得る極めて質の高い修士論文をシステマティックに作成することであることを忘れないでください。

## (1)　修士論文作成のための最も基本的な資料

　修士論文の資料は金子宏『租税法』，武田昌輔『DHC法人税　コンメンタール』及び『改正税法のすべて　○○年度版』の3点セット，分野によっては法人税法，所得税法に係る『基本通達逐条解説』又は租税特別措置法に係る『租税特別措置法関係通達逐条解説』を加えた4点セットを基本にします。

　そして，『改正税法のすべて　○○年度版』のように複数の者によって書かれたものをコピーするときには，執筆者が確認できるページ（目次）も一緒にコピーして「奥付け」の前に入れ，引用するときは分担執筆者が誰であるかを必ず特定する必要があります。修士論文の引用文献等は「誰が執筆したか」が重要なので，執筆者が複数いるときは，執筆者名を全角イコールで結びます。

　修士論文を作成する上で，この3点セット，4点セットの該当部分の読み込みは欠かせません。そして，①税務大学校論叢，②税大ジャーナル，③日本租税研究協会の『租税研究』及び④金子宏『租税法』の脚注から自分のテーマに沿った良質な先行研究を選択します。テーマは，複数の，できれば分厚い先行研究があるものを選びましょう。修士論文の構成（修士論文全体の設計図），要素（重要な論点，キーフレーズ）は金子宏. 2019.『租税法』. 第23版. 弘文堂の練られた記述が参考になりますし，具体的内容は，武田昌輔.

1979.『DHC 法人税　コンメンタール』. 第一法規出版にしたがって，第 2 章の歴史と沿革を記述し始めるのが一番良いと思います。

## (2)　良質な先行研究に全面的に依拠する方法もあり

　『税務大学校論叢』に掲載されている論文（複数あれば，更に望ましいです。）や交際費課税，役員給与の課税等のテーマ別の書籍の一部の章に全面的に依拠し，ブロック引用（佐渡島紗織＝吉野亜矢子, 2008, pp.72-79）を基本にしてそれぞれの論文や書籍の一部の章をまとめ，そして，他の評釈や武田昌輔コンメンタール等を入れ込んで元論文，又は元書籍の一部の章を数倍に膨らませ，その解説本を作るイメージで執筆していくのも論文作成の 1 つの方法です。これは，自分の選択した修士論文のテーマについて，どのように議論し論旨を展開していけば良いのかわからない場合に選択する，いわば，最後の手段です。

## (3)　良質な先行研究の選択方法

＜良質な先行研究とは何か＞
　先行研究の選択に十分注意していただきたいのは，修士論文の指導教員と相談しながら，課税当局の考え方を十分理解した上で作成されている論文又は書籍の一部の章を一番最初の材料として選択してほしいということです。そのためには，金子宏. 2019.『租税法』. 第23版. 弘文堂. と通底している研究者である増井良啓，浅妻章如，渕圭吾及び佐藤英明等が執筆した論文を修士論文作成では選択した方が無難です。武田昌輔. 1979.『DHC 法人税法　コンメンタール』. 第一法規出版も国税側の考え方が十分反映されていて，修士論文の基本文献として優れていると言えるでしょう。
　とりわけ，納税者が勝訴した事件の評釈には，納税者の主張のみを全面的に取り上げている評釈や，場合によっては，裁判の争点，裁判所の判断を無視している評釈（万歳評釈）も実際に存在していますので，そういった文献を論文の基礎になる一番最初の材料として選択しないよう，十分な注意が必要です。

ただし，誤解していただきたくないのですが，課税当局の考え方を十分理解した上で作成されている論文を一番最初の材料として選択してほしいというのは，国税側の考え方がすべて正しい，国税を批判することは許されない，国税の考え方に沿って論文を書かないと修士論文として合格できないという意味では決してありません。課税当局に対する好き嫌い，国税勤務の経験があるかないかの問題でもありません。一言で言えば，（将来の）税理士として，課税当局の側にも，納税者の側にも必要以上に肩入れすることのない公平公正な立場を修士論文の作成においても貫いてほしいということです。


## (4)　正しい条文，法人税基本通達等の読み方

＜現行の条文，法人税基本通達等を肯定的に考えること＞

　課税当局の考え方を十分理解することにも関連してくる事項ですが，条文を読む際には現行の条文を肯定的に解釈すること，そして，多くの重要事項が法令ではなく，法人税基本通達等に留め置かれていることの意味をじっくりと考えることも初学者には大事なことの1つです。

＜不確定概念の指摘と議論は極めて非生産的，非建設的であること＞

　条文に不確定概念が含まれるのは，それなりの意味があるのであって，条文に不確定概念が含まれるから解釈が不明確になる，大切な事項が法人税基本通達等に定められているから税法解釈が不明確になる訳では絶対にありません。不幸なことに，税理士全体に大きな勘違いがあると思います。「条文に不確定概念が含まれている」，「法人税法第132条は規定そのものが不確定概念である」及び「交際費課税制度を規定する租税特別措置法第61条の4の不確定概念を指摘する」で思考停止しては正しい文理解釈ができませんし，修士論文作成のための議論としても極めて非生産的，非建設的です。そして，租税法の初学者が，それも実際の事案に現行の条文を適用させることを生業（なりわい）にする実務家が，あるべき条文，正しい条文を新たに考える立法論の議論をすることは，はっきり申し上げてほとんど意味がありません。

＜法律，政令ではなく，法人税基本通達に留め置かれていることに意味があること＞

　同じ条文（例えば，租税特別措置法第61条の４第４項，交際費課税）が改正もされずに存在し続けていること，法人税基本通達（法人税基本通達９－４－１及び法人税基本通達９－４－２（寄附金に該当しない子会社支援等））等に定められている事項が改訂を経ながらも，政令等に格上げされずに法人税基本通達等の位置付けで存在し続けていることには，それなりの意味があります。それを踏まえた上で，良質な先行研究を選択し，それを丁寧に読み，じっくりと，論理的に，公平公正な立場で租税法について考えていただきたいと思います。

　今，大流行りの議論である分掌変更に係る役員退職金の議論も同様です（法人税基本通達９－２－28及び法人税基本通達９－２－32）。法人税基本通達等の定めそのものを批判しても，大学院に在学する２年間というわずかな期間で新たな定めを提案することは容易ではありません。そのため，そのような方向性を志して書こうとした論文はかなりの高確率で，議論としてまとまらないばかりでなく，修士論文としての体を成さないものになってしまいます。

　法人税基本通達９－２－28及び法人税基本通達９－２－32が，何故，法人税基本通達に留め置かれているかを考えながら，そして，法人税基本通達に留め置かれていることを肯定的に議論することにより論文を作成してください。キーワードは，条文及び法人税基本通達等の肯定的解釈です。その批判，改正の提案等は修士論文を完成させて，十分に研究を重ねた次の段階でお願いしたいということです。

＜知識と経験を十分に蓄積後，課税当局の考え方の批判，条文等の提案をすること＞

　同じテーマを10年以上研究してきた方々が課税当局の考え方，租税法の条文構造及び法人税基本通達の書きぶり等に異を唱えることはあり得ると思います。手前味噌ですが，私は営業権（のれん）の税務及び国際税務の研究を長年していますので，営業権（のれん）の定義及び営業譲渡の解釈等について，国際税務の事案等について，国税の考え方への苦言を呈すること，場合によっては，陳腐化した税制，法人税基本通達について改正を提言することもあります。（細川健, 2000, pp.3-68）

＜交際費等及び寄附金の正しい考え方は文理解釈が基本であること＞

　修士論文作成において，人気のテーマの１つである交際費課税制度については，文理解釈から大きく離れた誤った議論が主流になってしまっています。筆者は，このような状況を是正するために，徹底した文理解釈を目指すためのツールである交際費等分析フレームワーク（①会計上の費用，②事業関係者等，③接待等のために支出及び④その他の要素を事実関係に当てはめることにより交際費等該当性を判断する方法論）を提示する論文を執筆し，少しずつ発表しています（細川健. 2017a, pp.109-138.; 細川健，2017b, pp.171-194.; 細川健，2018b, pp.207-234; 細川健，2019, pp.109-133）。交際費課税制度で論文を書こうと考えている方々には，是非，これらの論文を読んでいただきたいと思います。

　同様に人気のある寄附金課税制度についても，一般寄附金分析フレームワークを提示し，事実関係にそれを当てはめ，寄附金該当性の判断基準の明確化を目指す方法論を示しています。（細川健，2018a, pp.13-32）


＜重加算税制度の分析も同様のフレームワークの提示と当てはめが可能＞

　実は，税務調査を通じて，納税者と課税当局の間で争いの絶えない重加算税制度の分析にも同じことが当てはまるのではないかと考えていて，重加算税分析フレームワークを提示するための論文を現在執筆中です。昭和62年最高裁判決で，隠蔽又は仮装行為と過少申告行為に係る納税者の認識と故意の考え方はしっかりと定まったにもかかわらず，平成６年最高裁判決及び平成７年最高裁判決以来，文理解釈を無視した議論が横行しているのがその理由です。令和元年７月22日の税理士会全国研修での発表を含めて，論文を執筆していく予定です。


＜タックス・ヘイブン対策税制に関する議論＞

　筆者はかつて，タックス・ヘイブン対策税制のガーンジー島事件に関して，課税当局の考え方，ガーンジー島事件第一審及びガーンジー島事件控訴審に対して批判的な論文を作成しました。法人税法施行令第141条の正しい文理解釈についても意見を表明し，複数の先行研究を批判しました。その後，ガーンジー島事件上告審では，筆者の考え方にほぼ沿った逆転判決が出ましたし，ガーンジー島事件上告審にしたがって，法人税法施行令第141条が税

制改正されました。(細川健, 2008, pp.154-163)

　同様に，タックス・ヘイブン対策税制の双輝汽船事件控訴審に反対意見を記述しました。「タックス・ヘイブン対策税制の特定外国子会社等が有している繰越欠損金の繰越控除が強制される」という記述に強い違和感を覚えたのがその理由です。双輝汽船事件上告審は，ほぼ筆者の意見が採用された判決になっていますが，もちろん，反対意見も多々あるようです。(細川健, 2007a, pp.14-18 ; 細川健, 2007b, pp.67-86)

＜事業譲渡概念の明確化の必要性＞
　第二次納税義務に係る事業譲渡も同様に，現行税制を批判する内容を記述しました。とりわけ，事業譲渡の概念明確化の必要性については，営業権（のれん）の概念を含めて十分に研究した上で結論を出しています。(細川健, 2015, pp.95-128)

## (5)　修士論文の基本的な役割

＜条文に沿った正しい文理解釈が基本＞
　修士論文の役割は，租税法の初学者として，条文に沿って正しい文理解釈を行うことで，租税法に関する論理的思考ができていることを丁寧に示すことにあります。仮に，修士論文執筆者が修士論文の作成を通じて，何らかの政策提言をするにしても，課税当局の担当者が「なるほど，そうかもしれない」又は「ああ，そういう考え方もあるのか」と思うような，徹底した先行研究及び元資料の調査研究と深い論理的思考に基づくものでなければなりません。租税法の基本は文理解釈です。ただひたすらに課税当局の考え方を批判したり，制度の陳腐化を嘆いてみたり，ろくろく制度の内容やその成立と改正の歴史的経緯を吟味せずに，制度不要論，制度廃止論及び制度改革論を唱えるような内容を含むものは，修士論文とは言えません。
　修士論文は，著名な判例の分析を中心に構成し，可能であれば，最新の裁判例及び裁決事例の分析も入れましょう。修士論文の役割は，先人の優れた先行研究と現在問題になっている裁判例及び裁決事例とを一緒に整理することにあります。このことを大げさに言えば，修士論文には，過去と現在を繋

いで，未来を切り開く役割があるのです。


## (6) 修士論文のリサーチ・クエスチョン（RQ）と目的の確認

### ＜リサーチ・クエスチョン（RQ）と目的の再確認＞

　ここで，修士論文のリサーチ・クエスチョン（RQ）と目的を再確認してみましょう。RQ と言えば難しく聞こえますが，要するに，「自分は何を書きたいのか」ということを一言で言えるか否かが重要ということです。RQ が，入学後かなり時間が経過しても定まらないということは，論文の目的も定まっていないことを意味します。


### ＜何故，RQ と目的が定まらないのか＞

　何故，修士論文の RQ と目的が定まらないのでしょうか。そのような状態に陥るのは，①修士論文の題材の選択に問題があるか，②修士論文の問いの立て方に問題があるかの，どちらかが原因であることがほとんどだと思います。場合によっては，修士論文の対象が本人の興味からずれてしまっているのに自分自身が気付いていないこともあるかもしれません。

　また，一般的な税法雑誌論文とは異なり，「修士論文の目的は１つ」というのが大原則です。修士論文の作成において，修士論文の目的の設定は１つに絞らなければなりません。あれもこれもと盛り込んで焦点が合っていない論文になることは，厳に避けるべきです。「修士論文の目的は１つ」という大原則を絶対に崩してはいけないことを申し添えておきます。


## (7) 「論争参加型論文」の作成と「崖っぷちの議論」への対応

### ＜論争参加型論文作成の必要性とその危険性＞

　論争参加型論文を作成するためには様々な先行研究を読む必要があります。そこで行われている論争の論点が明確であり，しかも対立構造があれば，その議論に乗って論争参加型の修士論文を執筆することが可能です。繰り返しになりますが，論点が存在し，明確な対立がある先行研究が複数存在するのであれば，その論争にそのまま加わって論点を整理することで，「論争参加

型論文」を作成することができます。

＜国税批判と「崖っぷちの議論」は密接な関係にあること＞

　ただし，たとえ論争が存在し，明確な対立がある先行研究が複数存在しているとしても，修士論文の作成に直接繋がらない場合も多々あります。それらの先行研究の中には，国税側に対する反対意見が記述されていることが多々あります。そのような先行研究は，租税法の初学者が修士論文作成のために一番最初に手にする先行研究としては不向きです。先行研究によっては，結論を決めてから記述しているので，論理が最初から破綻していて，「崖っぷちの議論」になっている場合も少なくありません。ここで，「崖っぷちの議論」とは，ロジカルに反論されるとすぐに奈落の底に突き落とされて，二度と立ち上がれないような危うい議論という意味で使っています。「崖っぷちの議論」が含まれる論文は，租税法の初学者が，修士論文執筆者が，基軸になる先行研究として最初に熟読すべきものではありません。これは，最初に熟読した先行研究に強く影響され，最後の最後まで正しい論理的思考ができず，正しい方向への論理的な修正，正しい文理解釈ができない修士論文執筆者が大勢いることを強く危惧しての指摘事項です。修士論文指導の中で，何に影響を受けているのか，何故，大きく本質から外れた特定の論者の議論にいつまでも固執するのか，最後まで明確にしてくれない修士論文執筆者が実際にいます。固執した論理がオリジナルである「崖っぷちの議論」と同様に破綻したものとなっていることに気がつかず，3年，4年が経過してしまうことも実際にあります。

　『税務大学校論叢』，『税大ジャーナル』及び『租税研究』の中にも，修士論文作成のための先行研究としてはふさわしくないものも多々含まれていますので，適宜，修士論文の指導教員に相談しながら先行研究を選定してください。いずれにせよ，課税当局の立場と主張を十分に理解し，文理解釈を中心に租税法に対する基本的な理解を示すことが修士論文作成の正しいスタンスです。租税法の文理解釈，論理的解釈の基礎を欠いた先行研究を基礎にして修士論文を作成することは不可能であると言わざるを得ません。

　繰り返しになりますが，2年間弱という短時間で効率よく，しかも，第三者の審査にも堪えられる質の極めて高い修士論文をシステマティックに作成

し，修士号を取得することが社会人大学院生と修士論文の指導教員との共通
目標であることを忘れないでください。

## (8) 先行研究及び元資料の収集をする際の注意事項

＜インターネット上に公開されている文書は怪しいものが多々あり＞

　修士論文を作成するための資料収集においてインターネットは収集すべき
先行研究及び元資料の当たりをつけるツールとして効果的であるなど，使い
方によっては非常に便利なものです。しかしながら，関連する先行研究及び
元資料の有無を検索するといった範囲を超えて過度にインターネットに依存
しては絶対にいけません。インターネット上に公開されている文書の中には，
修士論文の材料としてはふさわしくないもの，自己満足，自己完結，広告宣
伝目的の，百害あって一利なし，マイナスでしかないものが多々含まれてい
るからです。

＜不毛で非建設的な法人税法第22条第2項の租税回避否認規定論＞

　例えば，インターネット上では，法人税法第22条第2項及び法人税法第37
条は租税回避行為否認規定の一種であるという論調が大流行です。金子宏の
移転価格税制導入を意識した古典的な論文はともかくとして，インターネッ
ト上の議論を見る限り，誰が言い出したのか，何が根拠なのかも明確ではな
く，最近では，それに乗っかった発言を繰り返す研究者，実務家も急増して
います。それぞれの条文には，租税回避行為否認の効果があることは否めま
せんが，それはあくまでそれぞれの条文の適用の効果にすぎません。その
それぞれの条文の役割は法人税法上の益金と損金の別段の定めの規定であり，
租税回避行為を否認する目的で制定された法人税法第132条等とは規定の中
身が全く違います。

＜不毛で非建設的な法人税法第22条第2項の限定説と非限定説の比較＞

　法人税法第22条第2項の限定説（寄附金課税（法人税法第37条）が適用される場
合のみに法人税法第22条第2項が適用される，キャピタル・ゲインが発生する場合のみに
法人税法第22条第2項が適用される等）を唱えるような不毛で非建設的な議論も

同様です。流行病のように，多くの論者が限定説を唱えますが，まともな論拠，根拠らしいものを読んだことがありません。そもそも，何故，限定説を延々と時間をかけて議論，記述する必要があるのかも不明です。

　現実問題として，法人による土地の無償譲渡を考えるとき，「キャピタル・ゲインの有無によっては，法人税法第22条第2項は適用されない」及び「土地の無償譲渡には売上の計上は必要なく，法人税法第22条第2項は適用されない」と考える方々は，研究者，税理士を含めて極めて少数派ではないかと思います。

　特筆すべきは，限定説の元論文と考えられる清永敬次 (1978) では，含み益のない資産の贈与，譲渡には法人税法第22条第2項が適用されない可能性が示唆されているだけであり，限定説と非限定説の比較や法人税法第22条第2項と租税回避行為との関係には触れられていないことです。キーワードは元論文，原典に当たる，そして，最終的には，良質な先行研究の選択が重要ということです。重要な論点に繋がる先行研究として選択した論文については，必ずその論者の主張の根拠となる元論文，原典に当たって裏付けを取る必要があります。このことは，良質な先行研究を指導教員と選択することが重要であることにも繋がります。

　思い込みや誤った認識に基づいて作成された先行研究を基に修士論文を作成すれば，必ず論理破綻を招きます。修士論文作成の終盤で骨子になる議論の削除や書き直しを行わざるを得ないことは，修士論文執筆者にも，修士論文の指導教員にも辛い，苦しい作業です。したがって，修士論文の題材の選択や基軸になる良質な先行研究の選択は慎重に行わなければなりません。

＜大学院生論文集は最初から読んではいけない＞
　PDF資料としてインターネットに溢れている大学院生論文集は，引用するのはもちろんのこと，論文自体を参考にしてはいけません。

　大学院生論文集が使えない理由は，書き手が租税法の初学者であることから，そもそも論文として体を成していないものも多々含まれているからです。そのような大学院生論文のロジックと記述をそのままなぞっても，書き手が違えば論文の構成と選択した要素（重要な論点，キー・フレーズ）が微妙に違っていることもあって，結論に到達しない，論理が破綻して行き詰まってしま

うことが多々あります。大学院生が作成した論文を引用することはもちろんのこと，それを丸写しすること，引用文献等に掲載し，先行研究として熟読することは，ほぼ確実に論理破綻を招きます。

　例えば，国税当局の主張や裁判所の判断を否定するために，納税者が逆転敗訴した事件（オウブンシャホールディング事件[(1)]，ストックオプション事件等）の地裁判決のロジックのみを用いて分析し考察するような議論で結論を導出することが，いかに危ういか，公平公正な議論とは言い難いかは，少し考えれば誰にでも理解できることです。

## ⑼　具体的にどのようにして資料収集をするべきか

＜大崎詣でと中野坂上詣での必要性＞

　それでは，修士論文を作成するための資料収集の手段としてインターネットが使えないとなると，一体全体，どうすれば良いのでしょうか。

　東京近郊の方々に限られてしまうかもしれませんが，修士論文作成のための資料収集には，大崎の日本税務研究センター図書室，中野坂上の租税資料館に足しげく通うことを強くお勧めします。それぞれのライブラリアンには租税法に非常に詳しい人達も含まれていて，「○○について調べたい」と相談すれば親切に資料を提示してくれる場合もあります。効率的に有益な先行研究を収集するためには，これらの施設を積極的に利用するべきです。

　ここの作業をクリアしないと，「いつ，図書館に行きますか？」「何故，図書館に行かないのですか？」という極めてレベルの低い，不毛な問答が指導教員と学生の間で延々と繰り返されることになります。中野坂上の租税資料館では TKC 法律情報データベースを使って先行研究を調べることができますし，大崎の日本税務研究センター図書室と違って土日も開いています。

　図書館に何度も通い，手に取って資料を見続けることは，租税法の特定分

---

[(1)]　オウブンシャホールディング事件控訴審は，原審の判断について，「……原審は，関係当事者の意思及びその結果生じた事実を全体として見ず，一部を恣意的に切り取って結論を導いた誤りを免れず，争点について判断し，紛争を解決に導くべき裁判所の責任を疎かにするものと評せざるを得ない。」と異例の言及をしています。世間一般のみならず，裁判所内で評価の大きく分かれる判決，それも高裁判決及び最高裁判決で否定された地裁判決を修士論文の核に据えるべきではありません。

野の土地勘を養うことにもなります。

＜国会図書館は閉架式であることに留意＞

　国会図書館は，残念ながら閉架式なので，直接本を手に取ることができません。閲覧したい資料が既に確定していれば，国会図書館へのコピー請求も有効な手段です。そのときは必ず「奥付け」も一緒に請求し（雑誌であれば，表裏表紙と目次のコピーも請求し），請求した資料の執筆者，共著であれば分担執筆者，論文名・著書名，出版社及び出版年が特定できるようにしておきましょう。

## ⑽　利用可能なデータベース等

＜データベースの正しい利用方法＞

　インターネットからの資料収集は基本的に行うべきでないと記述しましたが，『税務大学校論叢』と『税大ジャーナル』の大部分は PDF 資料としてネット上に公開されていますので，それらをダウンロードして入手するのにインターネットを利用することは極めて有用です。『裁判例情報』（裁判所），『訴訟月報』[2]（法務省）及び『国税庁税務訴訟資料』（国税庁）の直近数年間分もデータベース化されて無料で公開されていますし，『裁決事例集』（国税不服審判所）も裁決の一部がデータベース化され，無料で公開されています。有料ではありますが，『税研』（日本税務研究センター）及び『租税研究』（日本租税研究協会）は，それぞれインターネット上にデータベースがあります。

　また，「法人税法 site:e-gov.go.jp」と入力すれば，電子政府の総合窓口である e-Gov，通称イーガブの法令データベースにたどり着きます。他の租税法も同様です。

---

[2]　『訴訟月報』（法務省）のウェブ版は簡略化されていていたり，肝心な担当者名が抜けていたりするので，必ず原本を確認することが必要です。

## ⑾ 集めた資料を，何故，Ａ４サイズにコピーし PDF 資料にする必要があるか

＜統一的な PDF 作成の必要性＞

　集めた資料は，Ａ４サイズに統一してコピーします。用紙はＡ４以外は使いません。もちろん，コピー代節約のために，Ａ３用紙を用いてコピーして半分に切ったり，２つ折りにしても結構です。「Ａ４の用紙以外使わないこと」は，筆者の個人的な趣味やこだわりではありません。「Ａ４の用紙以外絶対に使わないこと」と「縮小コピーを絶対に使わないこと」は，修士論文作成のための資料収集に限ったことではなく，ビジネス上の共通ルールと考えてください。PDF ファイル作成についても，筆者の個人的な趣味や考え方を押し付ける気は毛頭ありません。要するに，「社会人大学院生と修士論文の指導教員との情報共有を目的に考えたとき，何が一番合理的な方法か」ということを真剣に考えてほしいのです。

　Ｂ４用紙はバインダーに一緒に奇麗に綴じられないので使いません。縮小コピーは，字がつぶれたり，字が小さくて読みにくくなるので使いません。某有名法律事務所は，実際に，Ａ４サイズ以外のコピー用紙をそもそも置いていません。Ａ４サイズ以外のコピーと縮小コピーそのものを禁じているのです。

　とにかく，Ａ４サイズで一覧性のあるものを作りバインダー等に綴じ，PDF ファイルを作成することがビジネスの共通ルールであると肯定的に考えましょう。論文であれば全ページ，書籍であれば，引用文献等として使いたい章のすべてのページと「奥付け」とを一緒にコピーします。論文，書籍について引用をしたい文章のある該当ページだけをコピーする方が多数いますが，これでは後で自分が作成した修士論文の根拠を見直しすることができません。そして，それは修士論文作成において致命的なエラーです。

＜ PDF ファイルのスクロール閲覧と印刷物の熟読の併用の必要性＞

　作業を進めるうちに，①PDF ファイルをスクロールしながら閲覧すること及び②印刷物を熟読することの両方を併用することが必須であることに気が付くでしょう。最近の PDF ファイルは検索もでき，「プレビュー」等のアプリを用いれば直接コメントを記入することもできます。

＜テーマに関連する法令，法人税基本通達の PDF 化＞

　関連法令，関係基本通達を丁寧に読むことも重要ですので，ぎょうせいから出版されている『税法六法　平成○年度版』と『税法通達　平成○年度版』の該当箇所を A 4 サイズに拡大コピーを取り，常に参照することをお勧めします。ぎょうせいの税法六法等の優れている点は，それぞれの法律と関係する施行令，関係する施行規則がひと固まりになっていることです。仮に，タックス・ヘイブン対策税制を研究するのであれば，租税特別措置法第66条の 6 と租税特別措置法関係通達第66条の 6 の関連部分を，交際費課税制度を研究するのであれば，租税特別措置法第61条の 4 と租税特別措置法関係通達第61条の 4 を，それぞれ PDF 化して常に参照できるようにしておきましょう。当然のことながら，1 頁が A 4 サイズ 1 枚になるような，一覧性のあるものを作る必要があります。

## ⑿　書籍と論文に必要な情報の確認方法

＜先行研究はひとまとまり（章単位）であることと奥付けの添付が必須＞

　書籍の「奥付け」には，書籍の編集者名，執筆者名，初版（初版だけで第 2 版以降が出版されていない場合は表示は不要）なのか第 2 版以降なのかの差異，出版年及び出版社名（論文の場合，出版社名は不要です）等修士論文作成のために必要な情報が含まれていています。したがって，先行研究のコピーを収集する際には，「奥付け」も併せて取得することが必須となります。例えば，金子宏租税法の初版と第23版では出版年が違いますし，当然，内容も毎年のように書き換えられていて全くの別物です。『改正税法のすべて　○○年度』の場合，複数の執筆者により記述されていますので，執筆者が特定できる目次をコピーして「奥付け」の前に入れます。

　租税法雑誌であれば，読みたい記事の全頁と「奥付け」に代わる「雑誌の表表紙」及び「雑誌の裏表紙」を使います。たくさんの先行研究のコピーを機械的に取ることを考えれば，「雑誌の表表紙」及び「雑誌の裏表紙」に加えて「雑誌の目次」を取っておけば間違いは起きません。本の見開きをそのまま A 4 サイズでコピーしても結構ですが，PDF ファイルにしたときの一覧性を確保することを第一に考えれば，1 頁を A 4 サイズに拡大コピーする

べきです。1頁がB5サイズの雑誌などの場合にはA4サイズに拡大コピーし、「奥付け」の代わりに雑誌の表表紙及び裏表紙をコピーします。縮小コピーは使いません。

　書籍の情報が不明確な場合は、アマゾン＜http://www.amazon.co.jp＞が、先行研究の情報が不明確な場合及び先行研究の情報を再確認するためには、CiNii論文検索＜http://ci.nii.ac.jp＞がそれぞれ最も正確です。

　修士論文作成が上手く進まない場合、途中でデッド・ロックに乗り上げてしまう場合には、①先行研究及び元資料のコピー及び②そのPDFファイルの作成ができていないという共通点があります。それを指摘してもしたがわない方も実際に多数います。先行研究及び元資料がなければ、先行研究及び元資料を適切にコピーして保管していなければ、先行研究の執筆者を特定できなければ、そして何よりも、修士論文作成の各段階で、とりわけ、修士論文の終盤でPDF資料が作成できていなければ、そもそも修士論文が作成できるわけがないのです。修士論文作成はデッドロックに乗り上げたまま進まないでしょう。

＜不幸な事件を未然に防ぐために＞

　さらに言えば、そもそも大前提となる話として、仮に資料の出典元の明確性を問われたときに、修士論文執筆者として、先行研究及び元資料をPDFファイルとして適切に保管していることは、修士論文の精度を担保することに繋がり、不幸な事件を入口の段階で防ぐことができます。それに加えて、PDFファイルを蓄積して筆者別、テーマ別等に分類していくことは自分自身のデータベース、ライブラリーの充実に繋がります。何よりも、筆者の経験からも、①手元にある先行研究及び元資料のコピーをアンダーライン等を引きながら精読すると同時に、②PDFファイルをコンピュータ上でスクロールしながら読むという、2つの作業を行うことは修士論文作成に必須であると断言できます。有料ソフトではありますが、例えば、「Evernote（エバーノート）」等のメモアプリを用いて収集した先行研究を管理していれば、検索機能が付いていて、探したい先行研究及び元資料を瞬時に見つけることができます。

　なお、研究目的で自分のパソコン等にPDF資料を作成、蓄積することは構

いませんが，ウェブ上のストレージに PDF 資料を蓄積して，複数の方々が自由に閲覧できるとなると，著作権法上の問題が生じますのでご注意ください。

## ⒀　先行研究及び元資料の収集と蓄積の意味

＜ PDF ファイルの正確な作成は必須＞

　集めた先行研究及び元資料はコピーを取り，PDF ファイルにして作成した都度，「Evernote（エバーノート）」等のメモアプリを用いて管理するべきです。繰り返しになりますが，先行研究及び元資料の存在が明確であることで，作成途中の修士論文の重要依拠部分を指導教員に相談し，問題を一緒に解決することもできます。当初に集めた先行研究及び元資料を，そのままコピーとして紙の状態ですべて保持・保管できている方々はそんなに多くはないでしょう。どうしても逸失する先行研究及び元資料が出てきます。しかしながら，先行研究及び元資料がなければ，先行研究及び元資料を適切にコピーして紙の状態で保持・保管していなければ，さらには PDF ファイルにして作成した都度，「Evernote（エバーノート）」等のメモアプリを用いて管理ができていなければ，修士論文を作成できないことを肝に銘じるべきです。

　以下にファイル名の付け方を例示します。

---
【記述例】
・ファイル名（その 1　雑誌に掲載されている先行研究の場合）
　著者名 . 発行年 .「論文名」.『収録雑誌名』. 巻号数 .
　（雑誌の場合は出版社名はいりません）頁数 .（p.4. / pp.14-15.）
・ファイル名（その 2　本の第○章を先行研究として取扱う場合）
　著者名 . 発行年 .「章のタイトル」. 編者名 .『本のタイトル』. 版数 . 出版社名 . 頁数
---

## ⒁　修士論文の先行研究及び元資料の正しい読み方（ブロック引用を前提に説明）

　集めた先行研究及び元資料は，重要と思うところ，引用したいと思うところにアンダーラインを引きながら，自分自身でメモを取りながら読み進めます。引用部分，引用予定部分にアンダーラインをしてから PDF ファイルにすれば，PDF ファイル作成の作業が単なる作業に堕しません。★印等，自分なりの基準を作り，印を付けながら読むのも良いでしょう。また，最近は，

PDF にアンダーライン，書き込みを直接行うことができるような機能が付いたソフトウェア（「プレビュー」等）もありますので，積極的に活用しましょう。

重要と思うパラグラフを抜き書きして，＜小見出し＞を付け，並べ換えてみる作業も有用かもしれません。

引用部分，引用予定部分をアンダーラインするのは，以下に記述するブロック引用（佐渡島紗織＝吉野亜矢子, 2008, pp.71-79）を活用して修士論文作成を行う方法を選択する際の前提となる行為です。

ブロック引用は働きながら修士論文を書く社会人大学院生には必須の引用方法です。仮に1日1時間弱しか時間が取れなくても，どんなに疲れていても，電車の中で引用したい先行研究及び元資料をアンダーラインを引きながら読み，良質な先行研究のブロック引用を網羅的に積み重ねれば，それで修士論文の骨組みは完成します。そして，繰り返しになりますが，①手元にある先行研究及び元資料のコピーにアンダーライン等を引きながら精読すると同時に，②PDF ファイルをコンピュータ上でスクロールしながら通読する作業は両方とも修士論文作成に必須であると考えます。

## ⒂ ブロック引用の5つのパートとその内容説明

次に，修士論文執筆の鍵になるブロック引用を説明します。ブロック引用の形式は，イ　ブロック引用部分の紹介（導入部分），ロ　＜小見出し＞，ハ　引用部分，ニ　引用部分のまとめ及びホ　自分の見解等の5つのパートに分かれます。

長期間，修士論文が停滞している修士論文執筆者の特徴として，ニ　「ブロック引用のまとめ」とホ　「ブロック引用」に対する，自分の見解等との区分できていないこと，つまり，先行研究の内容を十分に理解していないことが挙げられます。

ブロック引用と括弧引用は引用部分をまとめる訓練になり，ブロック引用のまとめのみを最終的に修士論文に使うこともできます。また，多くの論文は括弧引用をそのように使っていないかもしれませんが，括弧引用を用いるときも，ブロック引用と同様のロジックを用いても良いと考えます。

イ　ブロック引用部分の紹介（導入部分）

　金子宏は租税回避行為について次のような説明をしている。

┌─【ポイント】──────────────────────────┐
│　・一文一義で，「ブロック引用」する理由を簡潔に述べる
│　・場合によっては，「ブロック引用」された部分の紹介を数行でまとめる
└──────────────────────────────────┘

ロ　＜小見出し＞を付けること

　１行空けて，＜小見出し＞を付け，ブロック引用した部分を紹介します。少々長くなっても構いません。

ハ　「ブロック引用」

　３字下げて，ブロック引用部分を一字一句たがえずに転記していきます。

ニ　「ブロック引用」のまとめ

　金子宏が定義する租税回避行為とは，「……」である等１行空けて，一文一義で「ブロック引用」の内容を簡潔にまとめます。

ホ　「ブロック引用」に対する自分の見解等の記述

　イ～ニを十分咀嚼しながら，自分の言葉で，自分の見解等を記述します。

## ⒃　ブロック引用の具体的な例示

　次に，交際費課税における，接待等を受ける側の認識に関わる論点を用いて，ブロック引用の具体的な例示を行います。

┌─【ポイント】──────────────────────────┐
│　・ブロック引用部分の紹介（導入部分）
│　・１行空けて＜小見出し＞を付ける
│　・３字下げてブロック引用
│　・１行空けてブロック引用部分のまとめを記述
│　　（ブロック引用部分，引用部分の意見を１文でまとめる）
│　・最初はブロック引用部分を丁寧にまとめるだけでも十分
│　・ブロック引用部分に対する自分の見解等を記述
│　　（引用部分と関連させて，引用ではない自分の見解等を記述）
│　・最後の部分で，修士論文執筆者のオリジナルが必ず出るはず
└──────────────────────────────────┘

前述した点を意識しながら，良質な先行研究のブロック引用を網羅的に繰り返せば，論文の骨組みは自然にできる筈です。直接修士論文に利用しないとしても，ブロック引用と括弧引用の練習を繰り返すことにより，修士論文作成の要領，コツもつかめます。＜小見出し＞を付けることにより，記述部分を1文でまとめる練習にもなります。ここで，修士論文作成の鍵になるブロック引用と括弧引用を説明します。

イ　ブロック引用部分の紹介（引用の目的）

　八ツ尾順一は，交際費課税の「接待を受ける側の認識の程度」について以下のように議論している。

ロ　1行空けて＜小見出し＞を付ける

ハ　ブロック引用

　　　＜八ツ尾順一の接待を受ける側の認識の程度に関する考え方＞

　　　　A社は，接待をすることによってB社との取引高が増加することを期待するものではあるが，接待によって，必ずしもその目的が実現するものでもなく，また，その達成のレベルもまちまちであるから，B社の役員・従業員の状況（効果）を交際費（ママ）の要件として考慮することはできない。ただ，A社側においては，「取引側の円滑な進行を図る」ことを目的としているのであるから，「接待を受ける側」においては，「接待をする側」の何らかの意図を認識しておく必要があると思われるが，それはかなり範囲の広い，漠然としたものでも良いと考えるべきである。

（八ツ尾順一 , 2012, p.40）

┌─【ポイント】───────────────────────────────
│　・1行空けて，＜小見出し＞と「ブロック引用」を書き始める
│　・3字下げて「ブロック引用」の対象部分を，すべて正確に転記する
│　・全角丸括弧，執筆者名，半角コンマ，半角空け，出版年，半角コンマ，半角空け，
│　　頁数 p.40又は pp.40-42，全角丸括弧閉じる
└──────────────────────────────────────

ニ　1行空けてブロック引用部分のまとめを記述

　自分の考えではなく，引用文献の考えをまとめることに集中しましょう。

　八ツ尾順一（氏のみか氏名を入れるかは統一）は，接待をする側の目的は「取引側の円滑な進行を図る」ことであるから，「『接待を受ける側』において

は，『接待をする側』の何らかの意図を認識しておく必要があると思われるが，それはかなり範囲の広い，漠然としたものでも良いと考えるべきである。」と議論する。

```
―【ポイント】――――――――――――――――――――――――――――――――
  ・ブロック引用は1行空けて書き始め，1行空けてまとめ文を記述
  ・ブロック引用部分を1文でまとめる
  ・自分の意見ではなく論者の意見をまとめることに留意する
  ・まとめ文は，ブロック引用部分を更に括弧引用しても構わない
  ・ブロック引用内の「」引用は『』引用に書き換える作業が必須
```

ホ　ブロック引用部分に対する自分の見解等を記述（その1）

　引用部分ではなく自分の考えを記述します。複数の先行研究の論者が何を主張しているかを正確に把握してから，自分の意見を記述しましょう。

　つまり，八ツ尾順一は，接待の効果はまちまちであることから，交際費課税の「接待をする側」は「接待を受ける側」の役員・従業員の状況（効果）を交際費等の要件として考慮することはできない，そして，「接待を受ける側の認識」は必要であるが，萬有製薬事件第一審が判断したように，「利益を受けていると認識できるような客観的状況の下に行われることが必要であるということはできない」（八ツ尾順一, 2012, p.40），接待を受ける側の認識は範囲の広い漠然としたものでも良いと考えている。

```
―【ポイント】――――――――――――――――――――――――――――――――
  ・自分の意見は，ブロック引用部分と必ず関連させて記述する
  ・場合によっては，ブロック引用部分を「括弧引用」しながら自分の意見を記述する
  ・自分の意見では修士論文執筆者それぞれの個性が出るので面白いし，重複は起きない
```

ヘ　ブロック引用部分に対する自分の見解等を記述（その2）

　引用部分の考えではなく，自分の考えをブロック引用部分と関連させながら記述します。ホで示したブロック引用部分に対する自分の見解等を記述（その1）とは異なるバージョンを示します。

　交際費課税の「接待される側の認識」は，租税特別措置法通達第61条の4（交際費等の定義）の文理解釈から導かれる3つの基準（①会計上の費用，②事業関係者等及び③接待等の目的のための支出）ではなく，その他の要素に分類され

る。そして，「接待される側の認識」は③接待等の目的を補完する要素であるが，「接待される側の認識」が重要か否かは事案の事実関係（萬有製薬事件の場合は「接待される側の認識」に特殊事情が存在する）によって左右されるものであり，３つの基準と併記されるような性格のものではないと考えられる。

---
【ポイント】
- ・必ずブロック引用部分と関連させて自分の意見を記述する
- ・ブロック引用部分を十分咀嚼してから記述する
- ・思い込みがないか，書き過ぎないよう注意する
- ・ブロック引用を使わない場合でも，括弧引用（キーワード引用）を用いたブロック引用のまとめ文は修士論文に使用可能であることに留意する
---

## (17)　修士論文の最終的なチェック方法

　最後に，修士論文の最終的なチェック方法についてお話しします。修士論文が完成に近づいたら，修士論文の構成の見直しを行います。各章の小括の内容を見直して，その章の要約が網羅的に記述されているか，最終章に修士論文の内容が網羅的に記述されているか及び論文要旨との整合性を確認しましょう。各章の小括では，その章に書いてある以外のことを記述してはいけません。また，最終章では，それまでの章で記述した以外のことを記述してはいけません。

　第１章（序論）と最終章（結論）以外の各章冒頭における繋ぎの説明のチェックも忘れてはいけません。各章の冒頭には，次の３つの事項を必ず簡潔に記述してください。３つの事項とは，①前章で何を記述して何が判明したのか，②各章では何を記述するのか及び③各章で②を記述する理由です。修士論文の中で選択した先行研究と裁判例・裁決事例の選択理由が記述されているか否かの再確認も忘れずに記述内容をチェックしましょう。

　章，節及び項の見直し，＜小見出し＞の内容と＜小見出し＞同士の繋ぎの見直しには有料ソフトウェアの「マインドマップ（Mind Map)」が有効です。各章における節と項が適切な順番に並んでいるか，場合によっては，節と項の格上げ，格下げ及び削除を検討します。＜小見出し＞の内容とその記述されている順番も同様です。

　余談ですが，ベストセラー『餃子屋と高級フレンチでは，どちらが儲かる

か？』（2006年・ダイヤモンド社）の著書である林總先生は，アトランダムに浮かんでくるアイデアをマインドマップに入れながら，小説のプロットを何度も何度も練り直すそうです。また，お笑い芸人の厚切りジェイソンさんは，会場の雰囲気や年齢層を見極め，マインドマップを用いて，使用する５枚から10枚のフリップの順番を直前まで入れ替えながら出番を待つそうです。

## この章のまとめ

　「7　修士論文の執筆上の注意点」では，修士論文を作成するための先行研究及び元資料の集め方，読み方の基本事項を中心に記述しました。

　最も大事なことは，①資料の正しいＡ４サイズ化とPDFファイル化による整理ができているか，②修士論文が良質な先行研究を基軸にして記述されているか及び③ブロック引用と括弧引用（キーワード引用）を正しく理解して実践しているかです。そして，ブロック引用を使わない場合でも，括弧引用（キーワード引用）を用いたブロック引用のまとめ文は修士論文にそのまま使用可能であることに留意してください。

　繰り返しになりますが，社会人大学院生と修士論文の指導教員の共通目標は，最短の時間で効率良く，それでいて，第三者の審査に堪え得るような質の極めて高い修士論文をシステマティックに作成することであることを忘れないでください。

## ＜引用文献＞

大澤幸宏 . 2014.『法人税関係　措置法通達逐条解説』. 平成26年３月１日現在版 . 財経詳報社 .

小笠原喜康 . 2002.『大学生のためのレポート・論文術』. 講談社 .

小原一博 . 2016.『法人税基本通達逐条解説』. ８訂版 . 税務研究会出版局 .

金子宏 . 2019.『租税法』. 第23版 . 弘文堂 .

清永敬次 . 1978.「無償取引と寄付金の認定―親子会社間の無利息融資高裁判決に関連して―」.『税経通信』. 第33巻第13号 . pp.2-7.

佐渡島紗織＝吉野亜矢子 . 2008.『これから研究を書くひとのためのガイドブック』. ひつじ書房 .

武田昌輔 . 1979.『DHC コンメンタール　法人税法』. 第一法規出版 .

武田昌輔 . 1983.『DHC コンメンタール　所得税法』. 第一法規出版 .

武田昌輔 . 1989.『DHC コンメンタール　消費税法』. 第一法規出版 .

武田昌輔 . 1982.『DHC コンメンタール　国税通則法』. 第一法規出版 .

細川健 . 2000.『M＆A と営業権（のれん）の税務』. 税務研究会出版局 .

細川健 . 2007a.「特定外国子会社等に生じた欠損金額を内国親会社の損金に算入できないとした事例―高松高裁平成16年12月７日判決―」.『月刊　税務事例』. 第39巻第１号 . pp.14-18.

細川健 . 2007b.「M&A の最新税務問題（第13回）　タックス・ヘイブン対策税制の論点―高松高等裁判所平成16年12月７日判決（双輝汽船事件）を題材に―」『税務弘報』. 第55巻第２号 . pp.67-86.

細川健 . 2008.「M&A の最新税務問題（第26回）タックス・ヘイブン対策税制の論点（その３）―東京地方裁判所平成18年９月５日判決（ガーンジー島事件）を題材に―」.『税務弘報』. 第56巻第13号 . pp.154-163.

細川健 . 2015.「租税法上の事業譲渡の課税要件－最高裁判所昭和40年９月22日大法廷判決の今日的意義―（附論：事業譲渡の本質―営業権とのれんの峻別について―）」.『LEC 会計大学院紀要』. 第12号 . pp.95-128.

細川健 . 2017a.「交際費等の三要件説の限界と交際費等分析フレームワークの提示―萬有製薬事件を題材に―」.『LEC 会計大学院紀要』. 第14号 . pp.109-138.

細川健 . 2017b.「役務提供に係る原価の交際費等非該当性と交際費等の判断基準の明確化―オリエンタルランド事件の分析を中心に―」.『税法学』. 第578号 . pp.171-194.

細川健 . 2018a.「寄附金課税の範囲と判断基準―清水惣事件の分析と一般寄附金分析フレームワークの提示―」.『LEC 会計大学院紀要』. 第15号 . pp.13-32.

細川健 . 2018b.「交際費等の判断基準の明確化と交際費等分析フレームワークの提示―安楽亭事件の分析を中心に―」.『租税訴訟』. 第11号 . pp.207-234.

細川健 . 2019.「法人の接待等と交際費等当該性の判断基準との関係の考察―大成ラミック事件（国税不服審判所平成23年１月24日裁決）の分析を中心に―」.『税法学』. 第582号 . pp.109-138.

八ツ尾順一 . 2010.「交際費課税の基本的構造とその本質―萬有製薬事件を素材として―」.『租税研究』. pp.38-49.

## ＜参照文献＞

春日潤一 . 2017.「＜ FD 報告＞論文の『本論』部をどのように構築するか―LEC 会計大学院における租税法修士論文の場合―」.『LEC 会計大学院紀要』. 第14号 . pp.63-73.

山本宣明 . 2010.「税法修士論文の在り方―修士論文作成のマイルストーン管理（その２）に代えて―」.『LEC 会計大学院紀要』. 第10号 . pp.197-219.

横井隆志 . 2015.「論文執筆のための Word 活用法」.『LEC 会計大学院紀要』. 第13号 . pp.37-49.

横井隆志 .2018.「論文執筆のための Word 活用法(2)」.『LEC 会計大学院紀要』. 第15号 . pp.53-63.

# 附　録


　最後に，附録として租税法論文「役務提供に係る原価の交際費等非該当性
と交際費等の判断基準の明確化—オリエンタルランド事件の交際費等分析フ
レームワークによる検討—」を掲載します。論文の対象と目的等この本の記
述に沿って記述されていますが，脚注の付け方は，あえて異なる方法で記述
しました。

　なお，この論文は『税法学』第578号，171〜194頁の「役務提供に係る原
価の交際費等非該当性と交際費等の判断基準の明確化—オリエンタルランド
事件の分析を中心に—」（日本税法学会・2017年）を加筆訂正したものです。

附録　租税法論文

# 役務提供に係る原価の交際費等非該当性と交際費等の判断基準の明確化

## ―オリエンタルランド事件の交際費等分析フレームワークによる検討―

# I　序章

　この論文の目的は，法人が行う役務提供に対応する原価の交際費等非該当性を明らかにし，租税特別措置法第61条の4に規定する交際費等の判断基準を明確化することである。この論文の対象は租税特別措置法第61条の4に規定する交際費課税制度である。法人が行う役務提供のうち，対価の収受を伴わない役務提供に対応する原価の交際費等非該当性を明らかにし，交際費等

該当性の判断基準を明確化するために，オリエンタルランド事件の分析を中心に議論を展開する。

　具体的な分析方法としては，筆者の提唱する交際費等分析フレームワークを用いた徹底した文理解釈を行うことにより，最終的には，法人が行う役務提供のうち，対価の収受を伴わない売上に対応する原価が交際費等に該当しないことを明らかにし，交際費等の判断基準を明確化することにこの論文の狙いがある。

　オリエンタルランド事件の特徴は，法人が行う役務提供のうち，対価の収受を伴わない役務提供に対応する原価の交際費等該当性が争われ，納税者が東京地方裁判所及び東京高等裁判所で全面敗訴している点にある。

　まず，Ⅱでは通説とされる三要件説を含めたそれぞれの要件説を説明し，次に，租税特別措置法第61条の4第4項に規定する交際費等の定義を確認する。さらに，筆者が提唱する交際費等分析フレームワークを租税特別措置法第61条の4第4項の文理解釈に基づいて説明し，その有効性を示唆する。また，「その他」と「その他の」との相違も分析する。そして，Ⅲではオリエンタルランド事件を分析し，Ⅳの最終章では結論を述べる。

　なお，オリエンタルランド事件の2つの争点のうち，清掃業務委託料差額が交際費等に認定された部分（争点1）については省略する。

## Ⅱ　根拠条文，各要件説の確認及び交際費等　　　分析フレームワークの提示

　本章では，交際費等の定義が定められ，根拠条文である租税特別措置法第61条の4第4項の内容を確認し，次に，交際費等該当性を判断するための通説とされる三要件説を含めた要件説を紹介し，さらに，筆者が提唱する交際費等分析フレームワークを説明し，交際費等分析フレームワークの有効性を示唆する。なお，議論の前提になる「その他」と「その他の」の相違も詳細に分析する。

# 1 租税特別措置法第61条の4第4項の規定の確認

<交際費等該当性　租税特別措置法第61条の4第4項に規定される3つの基準>

　交際費等は，あくまで租税特別措置法第61条の4第4項に規定されている交際費等の定義にしたがって厳密な文理解釈を行い，条文から導かれる3つの基準を事実関係に当てはめることによって交際費等該当性を判断することを基本にするべきである。

　まず，租税特別措置法第61条の4第4項の規定を確認する。

　租税特別措置法第61条の4第4項は，「交際費，接待費，機密費その他の費用（企業会計上の費用）で，法人が，その得意先，仕入先その他事業に関係のある者等（事業に関係のある者等）に対する接待，供応，慰安，贈答その他これらに類する行為のために（支出の目的）支出するもの」（下線と括弧書きは筆者）と規定している。そして，租税特別措置法第61条の4第4項の交際費等の定義は，交際費課税制度の創設時から変更がないことに留意する。

　「支出するもの」とは金銭，棚卸資産の出捐を伴う企業会計上の帳簿に計上された費用のことであり[1]，交際費等に該当するか否かの判断は，法人が，①「交際費，接待費，機密費その他の費用」（企業会計上の費用）に現金，棚卸資産の出捐を伴う費用として企業会計上の帳簿に計上しているか否か，②交際費等の支出の相手方が「その得意先，仕入先その他事業に関係のある者等」（事業に関係のある者等）に該当するか否か及び③「接待，供応，慰安，贈答その他これらに類する行為のために支出」（支出の目的）か否か（以下「条文から導かれる3つの基準」という。）により，厳密な文理解釈に基づいて解釈するべきである。

　「接待，供応，慰安，贈答その他これらに類する行為のために支出するもの」の「もの」とは明らかに費用を指していて，費用には接待等を目的とする支出，つまり，法人による現金，棚卸資産の交付の概念が含まれていることに留意する。

---

[1] 租税特別措置法第61条の4第4項に規定する交際費等は金銭，棚卸資産の出捐を伴う企業会計上の帳簿に計上された「もの」（費用）を指すことに留意する。したがって，アングラマネーから支出された簿外交際費等や従業員，役員のポケットマネーからの個人的支出は，少なくとも租税特別措置法第61条の4第4項に規定する交際費等には該当しないことは明らかである。

「支出の形態」，「支出金額の高額性」及び「接待等を受ける側の認識」等の要素は，④「その他の要素」として分類し，最終的には，それぞれの「その他の要素」の意義と重要性を明らかにし，それぞれの「その他の要素」と「条文から導かれる３つの基準」との関係を明確にする。

　以下，オリエンタルランド事件を分析対象にして，交際費等該当性の判断における交際費等分析フレームワークの有効性を検討し，三要件説が，とりわけ，三要件説のうちの「接待，供応，慰安，贈答その他これらに類する行為」（行為の形態）が課税要件として機能していないことと「接待，供応，慰安，贈答その他これらに類する行為のために支出」（支出の目的）を「接待等の行為により事業関係者等との間の親睦の度を密にして取引関係の円滑な進行を図るためであること」に言い換えたことにより支出の目的と範囲が広がり，租税特別措置法第61条の４第４項の文理解釈から大きく乖離し，納税者に不利な判断が三要件説に基づいて行われていること等を中心に譜論をする。

## 2　「その他」と「その他の」の相違の説明

⑴　「その他」と「その他の」の区分の必要性

　「3　租税特別措置法第61条の４の交際費等該当性と三要件説」の説明の前提として，「その他」と「その他の」の相違を明確にする必要がある。何故ならば，租税特別措置法第61条の４第４項には，「交際費，接待費，機密費その他の費用」（会計上の費用），「その得意先，仕入先その他事業に関係のある者等」（支出の相手方）及び「接待，供応，慰安，贈答その他これらに類する行為のために支出」（支出の目的）が規定されていて，それぞれに「その他」と「その他の」の文言が含まれているからである。

　「その他費用」と「その他の費用」，「その他事業に関係のある者等」と「その他の事業に関係のある者等」，「その他これらに類する行為」と「その他のこれらに類する行為」ではそれぞれその意味が大きく違う。とりわけ，「交際費，接待費，機密費その他の費用」のうち，「その他の費用」が「会計上の費用」として，広く会計帳簿に計上された費用に該当するか否かについては有力な異論がある。「『その他の費用』とは『その他費用』と異なって，交際費以下の文言は例示ではあるが，その後に受けるその他の費用は，<u>例</u>

示された費用と部分対全体の関係で同質のものの費用に限られる」（下線は筆者）[2]，つまり，「交際費，接待費，機密費」の文言は「その他の費用」の例示であるが，「その他の費用」の性質に影響を与えるのではないかという主張である。

したがって，「その他」と「その他の」が用いられる場合の意味の相違の分析により，①「その他」と「その他の」の前に規定される名詞又は名詞句と②「その他」と「その他の」により修飾される名詞及び名詞句の関係性及びそれぞれが並列的例示，包括的例示と呼ばれる意味合いを明確化する必要がある。

(2)　「その他の取引で資本等取引以外のもの」の意義

ここでは，法人税法第22条第2項に規定される「資産の販売，有償又は無償による資産の譲渡又は役務の提供，無償による資産の譲受け（以下「資産の販売等」という。）その他の取引で資本等取引以外のもの」（下線は筆者）に着目して説明を行う。

なお，租税特別措置法第61条の4第4項における「その得意先，仕入先その他事業に関係のある者等」（支出の相手方）には「等」が付されていること，「接待，供応，慰安，贈答その他これらに類する行為のために支出」（支出の目的）については，「その他の行為」でも「その他行為」でもなく，「その他これらに類する行為」（下線は筆者）と規定されているので，「その他」と「その他の」との相違とは別の論点も存在することに留意する。

(3)　説明が論者により一致している点（講学的解釈）とその問題点

法人税法第22条第2項は，「内国法人の各事業年度の所得の金額の計算上当該事業年度の益金の額に算入すべき金額は，別段の定めがあるものを除き，資産の販売，有償又は無償による資産の譲渡又は役務の提供，無償による資産の譲受け（以下「資産の販売等」という。）その他の取引で資本等取引以外のものに係る当該事業年度の収益の額とする。」（下線と括弧書きは筆者）と規定している。したがって，法人税法第22条第2項は益金の額に算入すべき金額

---

(2)　松沢智『租税実体法─法人税法解釈の基本原理（初版）』（1976年・中央経済社）284頁。

として，資産の販売等とその他の取引で資本等取引以外のものの7つを規定している。

　「その他の」が使用される場合，①「その他の」の前に規定される名詞又は名詞句が②「その他の」を修飾する名詞及び名詞句に例示として含まれる。そして，「その他の」を用いる場合，「資産の販売等」が「その他の」の後に規定される「取引で資本等取引以外のもの」に例示として含まれ，これは包括的例示と呼ばれる。さらに，法人税法第22条第2項が仮に「その他」と規定されている場合，「資産の販売等」と「取引で資本等取引以外のもの」は並列的な概念であり，これは並列的例示と呼ばれる。

　この場合の包括的例示と並列的例示の概念の定義は極めて不明確である。そして，講学的解釈としては，「資産の販売等」が「その他の」の後に規定される場合，「取引で資本等取引以外のもの」に含まれる例示であり，包括的例示であること，「資産の販売等」が「その他」の後に規定される場合，「取引で資本等取引以外のもの」と並列的な概念であり，並列的例示であることを説明することで講学的解釈に基づく説明は終了する。

　しかしながら，現実問題として税理士等の実務家が議論，分析の対象としているのは，「資産の販売等」と「取引で資本等取引以外のもの」ではなく，「資産の販売等」と「その他の取引で資本等取引以外のもの」との関係性であり，包括的例示と並列的例示の具体的な定義である。議論の対象は「資産の販売等」のみならず「その他の」が付されている「その他の取引で資本等取引以外のもの」であり，講学的解釈のみならず実際的解釈が必要であることに留意する。

　①「資産の販売等」のみを議論の対象としたり，②「その他の取引で資本等取引以外のもの」ではなく，「その他の」を付さない「取引で資本等取引以外のもの」を用いて議論を完結すると，「資産の販売等」は「取引で資本等取引以外のもの」の6つの例示であるとか，「資産の販売等」は「取引で資本等取引以外のもの」の包括的例示である及び「資産の販売等」は「取引で資本等取引以外のもの」に包括的に含まれる等，論理的に破綻した議論を招く場合がある。その原因は中村利雄の法人税法第22条第2項に関する著名な論文にあるようである。

⑷ 中村利雄の議論の論理的破綻

中村利雄は，「……課税所得の金額の計算上益金の額に算入すべき金額は，別段の定めがあるものを除き，法人税法第22条第2項では資本等取引以外の取引（損益取引）の例示として次のものを掲げている。①資産の販売，②有償による資産の譲渡，③無償による資産の譲渡，④有償による役務の提供，⑤無償による役務の提供，⑥無償による資産の譲受け」（下線は筆者）[3]と議論し，資本等取引以外の取引（損益取引）の例示として，6つの取引が該当すると述べている。中村利雄が「その他の取引で資本等取引以外のもの」ではなく，「資本等取引以外の取引（損益取引）」と記述していること，条文上の正確な定義としては，「取引で資本等取引以外のもの」について記述している部分に着目する必要がある。

つまり，中村利雄は，法人税法第22条第2項に益金の額に算入すべき金額として，「その他の取引で資本等取引以外のもの」を含めて7つの取引が規定されているにもかかわらず，①資産の販売，②有償による資産の譲渡，③無償による資産の譲渡，④有償による役務の提供，⑤無償による役務の提供，⑥無償による資産の譲受け」の6つの取引が資本等取引以外の取引（損益取引）の例示として取引に該当すると述べている。

しかしながら，⑦その他の取引で資本等取引以外の取引は，当然ながら，「資本等取引以外の取引」ではなく「その他の取引で資本等取引以外のもの」と規定されている。したがって，①から⑥までの6つの取引（以下「資産の販売等」という。）がその例示として「その他の取引で資本等取引以外のもの」に含まれているのは確かであるが，資産の販売等がその例示として「取引で資本等取引以外のもの」に含まれているわけではないことに留意する。

包括的例示とは，「その他の」を用いる場合の「資産の販売等」と「取引で資本等取引以外のもの」の関係又は「その他の取引で資本等取引以外のもの」そのものをいうと考えられる。中村利雄の議論は資産の販売等が資本等取引以外の取引（損益取引）の6つの例示であることという講学的解釈にとどまっていて，その議論は失当である。

中村利雄の「その他の取引で資本取引以外のもの」の説明は，「その他の」

---

(3) 中村利雄「法人税の課税所得計算と企業会計（一）」『税経通信』33巻2号（1978年）25〜33頁。

を含めずにその前後の名詞及び名詞句の関係を説明していて，包括的例示の説明としては不適切である。つまり，法人税法第22条第2項に規定されている取引は，「資産の販売等」及び「その他の取引で資本等取引以外のもの」の7つである。

図附－1　「資産の販売等」と「取引で資本等取引以外のもの」の講学的解釈とその論理的破綻

両者の関係は明確，議論の余地なし

その他の（その他）が用いられる場合

その他の が用いられる場合，資産の販売等 は，取引で資本等取引以外のもの の例示として含まれる。

その他 が用いられる場合，資産の販売等 は，取引で資本等取引以外のもの と並列的な概念である。

議論の対象には，資産の販売等 のみならず，修飾語の その他の 及び その他の取引で資本等取引以外のもの が含まれる筈であることに留意
（「その他の」及び「その他」を含めない議論は論理的に破綻）

（図は伊藤義一（2007）を基に筆者が作成）

図附－2　「資産の販売等」と「その他の取引（その他）で資本等取引以外のもの」の実際的分析

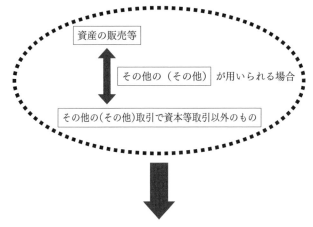

資産の販売等

その他の（その他）　が用いられる場合

その他の(その他)取引で資本等取引以外のもの

分析の対象は「資産の販売等」，「その他の取引で資本等取引以外のもの」
及び両者の関係性であり，包括的例示と並列的例示の明確な定義が必要

（図は伊藤義一（2007）を基に筆者が作成）

(5)　伊藤義一の実際的解釈の説明とその問題点

　伊藤義一は，その著書である伊藤義一『税法の読み方　判例の見方』（2007
年・TKC 出版）の135頁において，「『その他の』は，通常，前に置かれた名詞
又は名詞句が，後に続く一層意味内容の広い言葉の一部を成すものとして，
その中に包含される場合に用いられる。これを『包括的例示』という。」（下
線は筆者）と述べて，「その他の」を用いた例示を「包括的例示」と呼んでい
る (4)。同様に，伊藤義一は，同書の136頁において，「『その他』は，この言葉
の前後の語句が独立しており，それぞれが，一応，別個の概念として並列
的に並べる場合に使われる。これを『並列的例示』という。」（下線は筆者）と

──────────
(4)　伊藤義一はその著書である伊藤義一『税法の読み方　判例の見方（改訂第3版）』
　　（2014年・TKC 出版）の167頁において「『その他の』は，包括的例示を表す用語で
　　あり，日常用語の“等（など）の”とほぼ同様の意味であると認識してもよいでしょ
　　う。『A，B，C その他の D』であれば，A，B，C は『その他の』の後に続く D の例
　　示です（『A，B，C 等の D』という意味です）。」（下線は筆者）と述べて，「その他の」
　　は，「包括的例示を表す用語である」と説明方法を変更している。

述べて，「その他」を用いた例示を「並列的例示」と呼んでいる[5]。つまり，「その他の」と「その他」の前後の名詞，名詞句の関係性を説明する部分は他の論者と一致する。しかしながら，伊藤義一は「これを包括的例示という」及び「これを並列的例示という」と「包括的例示」と「並列的例示」をそれぞれ指示代名詞で説明している。

　伊藤義一は説明の対象を，法人税法第22条第2項に照らせば，「資産の販売等」が「取引で資本等取引以外のもの」に含まれるか否かのみならず，「その他の取引で資本等取引以外のもの」に広げているところに他の論者との相違があり，講学的解釈を離れて実際的解釈をしていることが分かる。その一方で，「包括的例示」と「並列的例示」を，「……場合に用いられる。」[6]とそれぞれ説明しているが，「これを包括的例示という」と「これを並列的例示という」の「これ」がどの部分を説明しているのかは必ずしも明確でない。

(6)　暫定的結論─包括的例示と並列的例示の定義

　「その他の」が「取引で資本等取引以外のもの」を修飾している形容詞であること，分析の対象は，当然ながら「資産の販売等」のみならず「取引で資本等取引以外のもの」ではなく，「その他の取引で資本等取引以外のもの」であることを考え併せると，包括的例示と並列的例示の定義は次のように整理できる。つまり，包括的例示と並列的例示の定義の結論は次のように示す

---

(5)　伊藤義一はその著書である伊藤義一『税法の読み方　判例の見方（改訂第3版）』（2014年・TKC出版）の167頁において「『その他』は，並列的例示を表す用語です。すなわち，『その他』の前後の語句が独立しており，それぞれが，一応，別個の概念として並列的に示される場合に用いられます。"及びこれ（ら）以外の"と言い換えてみればわかりやすいかもしれません。例えば，『E，F その他G』であれば，『E，F及びこれら以外のG』とほぼ同様の意味であると認識してもよいでしょう。つまり，EとFはGの例示ではなく，また，EとFが主でGは従というのでもなく，あくまでE・F・Gは同列の概念として列挙されているわけです。」（下線は筆者）と述べて，「その他」は，並列的例示を表す用語である旨の説明を変更している。この説明は，荒井勇『税法解釈の常識─税法条文の読み方教室─』（1975年・税務研究会出版局）と林修三『法令用語の常識（第3版）』（1975年・日本評論社）に通底するものである。そうすると，包括的例示と並列的例示は法律用語ではなく，「その他の」と「その他」をそれぞれ用いた場合の単なる一般的俗語であり，明確な定義が存在しない可能性が高い。
(6)　伊藤義一『税法の読み方　判例の見方（改訂新版）』（2007年・TKC出版）136頁。

ことができる。

　「その他の」を用いた場合，法人税法第22条第2項に照らせば，「資産の販売等」は「取引で資本等取引以外のもの」に例示として含まれる[7]。したがって，「その他の」を用いた場合の「資産の販売等」と「取引で資本等取引以外のもの」の関係を包括的例示という。または，「その他の取引で資本等取引以外のもの」そのものを包括的例示という。

　「その他」を用いた場合，法人税法第22条第2項に照らせば，「資産の販売等」は「取引で資本等取引以外のもの」とは並列的な概念である[8]。したがって，「その他」を用いた場合の「資産の販売等」と「取引で資本等取引以外のもの」の関係を並列的例示という。または，「その他取引で資本等取引以外のもの」そのものを並列的例示という。

(7)　包括的例示と並列的例示の説明の困難性と必要性

　余りにも常識的な話なので，租税法に係る包括的例示と並列的例示の定義を正面から取り上げた議論は伊藤義一以外見当たらない。そして，伊藤義一はその著書である伊藤義一『税法の読み方　判例の見方（改訂第3版）』(2014年・TKC出版)においてその説明を全面的に変更し，荒井勇と林修三の定義と平仄が合うように記述を変え，包括的例示と並列的例示の定義を直接説明することをやめている。

　その一方で，中村利雄は法人税法第22条第2項の権威として国税関係者の一部から高く評価され，その誤った解釈を含む論文は基幹的論文としてしばしば引用されている。初学者の論文によく見られるように，誤った記述に依拠して議論をすれば当然のことながら論理的破綻を招く。インターネットで弁護士，税理士等が記述するHP，ブログを検索すると，中村利雄同様に「その他の」と「その他」の用語の相違を理解していない記述は散見され，「その他の」と「その他」の相違，とりわけ包括的例示と並列的例示の理解

(7)　前段部分は，中村利雄の講学的解釈に基づいて，「その他の」を用いた場合，「資産の販売等」が「取引で資本等取引以外のもの」に例示として含まれることを説明している。

(8)　後段部分は，中村利雄の講学的解釈に基づいて，「その他」を用いた場合，「資産の販売等」と「取引で資本等取引以外のもの」とは並列的な概念であることを説明している。

は世間一般に不十分であることが分かる。

　「その他」と「その他の」の相違を正しく理解することは，租税特別措置法第61条の4第4項に規定される，「交際費，接待費，機密費その他の費用」（会計上の費用）を正しく理解する前提になることに留意する。租税特別措置法第61条の4第4項に規定される「交際費，接待費，機密費その他の費用」及び「交際費，接待費，機密費その他費用」を図示すると，次のように表すことができる。

図附－3　「交際費，接待費，機密費その他の費用」と「交際費，接待費，機密費その他費用」の図示

＜「交際費，接待費，機密費その他の費用」の図示＞

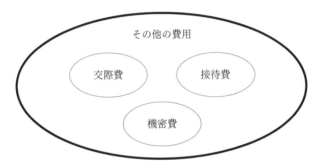

> ・「その他の」を用いる場合，「交際費，接待費，機密費」は「費用」に含まれ，「交際費，接待費，機密費」と「費用」の関係を包括的例示という

＜「交際費，接待費，機密費その他費用」の図示＞

| 交際費 | 接待費 | 機密費 | その他費用 |
| --- | --- | --- | --- |

> ・「その他」を用いる場合，「交際費，接待費，機密費」は「その他費用」と並列的関係にある
> ・「その他」を用いる場合，その前後にある「交際費，接待費，機密費」と「費用」とは独立した概念であり，「交際費，接待費，機密費」と「費用」の関係を並列的例示という

（図は伊藤義一（2007）を基に筆者が作成）

⑻　租税特別措置法第61条の４に規定される「その他の費用」の意義

　以上詳細に検討したように，租税特別措置法第61条の４第４項は，「交際費，接待費，機密費その他の費用」と規定しているので，「交際費，接待費，機密費」は「その他の費用」に例示として含まれる。そして，「その他の」を用いる場合，「交際費，接待費，機密費」と「費用」の関係を包括的例示という。または，「その他の費用」そのものを包括的例示という。つまり，「交際費，接待費，機密費」の３つが費用の例示ではない。「その他の」を用いる場合，「交際費，接待費，機密費」と「費用」との関係を包括的例示ということに留意する。

　仮に，「交際費，接待費，機密費」は「費用」の３つの例示である，「交際費，接待費，機密費」は「費用」の包括的例示である及び「交際費，接待費，機密費」は「費用」に包括的に含まれるという言い方がされるとすれば，中村利雄（1978年）と同様に，それは誤りである。

　「交際費，接待費，機密費」は「その他の費用」の単なる例示に過ぎないことから，「その他の費用」は「交際費，接待費，機密費」に性質が類似する費用に限定されることはない。「その他の費用」は「交際費，接待費，機密費」の性質に影響を受けず，会計帳簿に計上されたありとあらゆる費用が含まれ，「会計上の費用」と定義することができる。


## 3　交際費等該当性の判断と各要件説の紹介

＜交際費等の要件説とは何か＞

　八ツ尾順一は，「交際費等の具体的な支出状況はいろいろあるが，交際費等に該当するかどうか判定する要件については，大きく分けると次の３つの説に分かれる[9]と旧二要件説，新二要件説及び三要件説を説明する。オリエンタルランド事件第一審で課税当局は，三要件説に基づいて役務提供に係る原価の交際費等該当性を主張している。

---

⑼　八ツ尾順一『交際費〔第５版〕』（中央経済社・2007年）40頁。

＜旧二要件説とは何か＞

　まず，旧二要件説（東京高裁昭39.11.25判決）は，「『支出の相手方』が事業に
関係のある者等であり，かつ，「支出の目的」が，これらの者に対する，接
待，供応，慰安，贈答等であること」[10] と説明される。旧二要件説は，条文
から導かれる３つの基準のうち，②「事業に関係のある者等」と③「接待，
供応，慰安，贈答その他これらに類する行為のため」（支出の目的）から成立
している。したがって，①「企業会計上の費用」が②と③の前提になる条文
から導かれる基準であることを考慮すると，旧二要件説は租税特別措置法第
61条の４第４項の規定に基づいた文理解釈に最も忠実な説であるとも考えら
れる。しかしながら，仮に，旧二要件説に金銭，棚卸資産の出捐を伴う企業
会計上の帳簿への費用計上の概念が抜け落ちているとすれば，大きな問題を
はらんでいる。

＜新二要件説とは何か＞

　次に，新二要件説（東京地裁昭和53.11.25）は，「『支出の相手方』が事業に関
係のある者等であり，かつ，『支出の目的』が接待等の行為により事業関係
者等との間の親睦の度を密にして取引関係の円滑な進行を図るためであるこ
と（下線は筆者）」[11] と説明される。旧二要件説と新二要件説との差は，「接待，
供応，慰安，贈答等のために支出」（支出の目的）という条文の規定を，「接待
等の行為により事業関係者等との間の親睦の度を密にして取引関係の円滑な
進行を図るためであること」という一般的な文言に言い換えたことにある。
理由としては，「その他これらに類する行為」の意義と範囲に解釈上の争い
があり，明確なメルクマールが示されていないことにあると考えられるが，
結果的に，条文に規定されている「接待，供応，慰安，贈答その他これらに
類する行為のために支出」（支出の目的）の範囲を大きく広げる効果をもたら
している。

＜三要件説とは何か＞

　最後に，三要件説は「『支出の相手方』が，事業に関係のある者等であり，

---

(10)　同上40頁。
(11)　同上40頁。

かつ『支出の目的』が接待等の行為により事業関係者等との間の親睦の度を密にして取引関係の円滑な進行を図るものであるとともに，『支出行為の形態』が，接待，供応，慰安，贈答その他これらに類する行為であること」[12]と説明される。

三要件説は新二要件説の2つの課税要件に加えて，「行為の形態」を独立させて課税要件と考えて加えた説である。そして，三要件説は「……通説と解されている」[13]。三要件説は「支出行為の形態」を重視し，別の課税要件として独立させる考え方に基づいていることから，「接待，供応，慰安，贈答その他これらに類する行為のために支出」（支出の目的）を交際費等の一般的な解釈である「接待等の行為により事業関係者等との間の親睦の度を密にして取引関係の円滑な進行を図るためであること」に言い換えた新二要件説の考え方を引き継いでいる。文言の言い換えを引き継いだ最も大きな理由は，同一条文の同一箇所から複数の課税要件が抽出される論理的矛盾を避けたためと考えられるが，三要件説が①「接待，供応，慰安，贈答その他これらに類する行為のために支出」（支出の目的）を交際費等の一般的な解釈に言い換えて，支出の目的の幅を大きく広げていること，②「接待，供応，慰安，贈答その他これらに類する行為」（行為の形態）を課税要件として独立させ，表層的には条文解釈の厳密化を試みていることに着目する。

八ッ尾順一は，三要件説の提唱者を松沢智と考えていて，その記述を紹介している。

> ＜松沢智の提唱する三要件説＞
> 交際費等となるための要件として「交際費，接待費，機密費その他の費用」（支出の目的），「得意先，仕入先その他事業に関係のある者等に対し」（支出の相手先），「接待，きょう応，慰安，贈答その他これらに類する行為」（行為の形態）の三要件を規定している。したがって，交際費等となるためには，支出の目的，支出の相手先，行為の形態の

---

(12) 同上40～41頁。
(13) 酒井貴子「交際費該当性判断とその範囲─優待入場券の無償交付と業務委託料差額─」『税研』30巻4号（2014年・日本税務研究センター）115頁。

要件を具備した上で，その意義を考えねばならぬ（傍点は松沢智）<sup>(14)</sup>。

　松沢智が考えている交際費等の課税要件は，「支出の目的」，「支出の相手先」及び「行為の形態」の３つであり，「支出の目的」が導かれるのは，「接待，供応，慰安，贈答その他これらに類する行為のために支出」（支出の目的）ではなく，「交際費，接待費，機密費その他の費用」（傍点は松沢智）であると考えているところに特徴がある。

図附－4　三要件説と交際費等分析フレームワークの関係

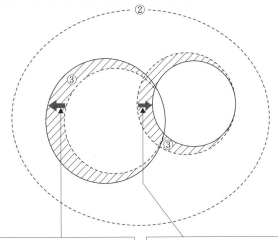

① 「交際費，接待費，機密費その他の費用」（企業会計上の費用）

② 「その得意先，仕入先，その他事業に関係のある者等」（事業に関係のある者等）か否か

③ 「接待，供応，慰安，贈答その他これらに類する行為のために支出（支出の目的）するもの」か否か

「支出の目的」の言い換え
接待等の行為により事業関係者等との間の親睦の度を密にして取引関係の円滑な進行を図るための支出であるか否か

「行為の形態」（④「その他の要素」）を課税要件化
「接待，供応，慰安，贈答その他これらに類する行為」（行為の形態）に該当する否か

一般的な文言に言い換えることにより「支出の目的」の意義と範囲を広げる効果？

「その他これらに類する行為」の課税要件を明らかにし，厳格に解釈する効果？

（図は筆者が作成）

(14)　松沢智・前掲注(2)279頁。

松沢智の提唱する三要件説は，現在通説とされている三要件説とは異なる。しかしながら，松沢智が「三要件を規定している」[15]と自ら記述していることから，八ツ尾順一は松沢智を三要件説の提唱者として位置付けたと考えられる。筆者が知る限り，租税法の主な論者はすべて，オリエンタルランド事件第一審及びオリエンタルランド事件控訴審は三要件説に基づいて判決が下されていると考えているが，筆者には異論がある。

## 4　交際費等分析フレームワークとは何か

条文から導かれる3つの基準に該当しない「支出の形態」，「接待等を受ける側の認識」及び「接待等の相手方の利益享受」等の要素は，④「その他の要素」として分類し，最終的にはそれぞれの④「その他の要素」の意義と重要性を明らかにし，それぞれの「その他の要素」と「条文から導かれる3つの基準」の関係を明確にするべきであると考える。

「条文から導かれる3つの基準」により交際費等該当性を判断し，最終的に④「その他の要素」の役割，重要性及び条文から導かれる3つの基準との関係を解明する方法を交際費等分析フレームワーク[16]と呼ぶ。

# Ⅲ　オリエンタルランド事件の分析

Ⅲではオリエンタルランド事件の争点2（本件優待入場券の使用に係る費用）について分析する。なお，争点1（清掃業務委託料差額が交際費等に該当するか）は，法人が行う役務提供に係る原価の交際費等該当性とは無関係な争点なの

---

(15)　松沢・前掲注(2)279頁。

(16)　細川健は，交際費等分析フレームワークは萬有製薬事件控訴審の分析にも有効であり，接待等を受ける側の認識の位置付けと条文から導かれる3つの基準の関係を明らかにしている。最終的に，萬有製薬事件控訴審で最大の争点とされた接待等を受ける側の認識は，交際費等分析フレームワークに示された①企業会計上の費用②事業に関係のある者等③接待等のために支出及び④その他の要素のうち，④その他の要素に分類され，③接待等のために支出を補完する要素にすぎず，課税要件には該当しないことを結論付けている（細川健「交際費等の三要件説の限界と交際費等分析フレームワークの提示―萬有製薬事件を題材に―」『LEC会計大学院紀要』14号（2017年）109-136頁）。

で，省略する。

<＜審級関係＞>

　東京地方裁判所平成21年7月31日判決（平成19（行ウ）第655号）法人税更正
処分取消等請求事件[17]（以下「オリエンタルランド事件第一審」という。）では納税
者が全面敗訴している。また，東京高等裁判所平成22年3月24日判決（平成
21年（行コ）第276号）法人税更正処分取消等請求控訴事件[18]（以下「オリエンタ
ルランド事件控訴審」という。）はオリエンタルランド事件第一審を支持して控
訴を棄却し，最高裁判所第二小法廷平成22年10月8日決定（平成22年（行ツ）
第262号・平成22年（行ヒ）第266号）[19]（以下「オリエンタルランド事件上告審」といい，
「オリエンタルランド事件第一審」及び「オリエンタルランド事件控訴審」と併せて「オ
リエンタルランド事件」という。）は上告不受理を決定している。

　したがって，オリエンタルランド事件は，オリエンタルランド事件第一審
の裁判所の判断を中心に分析する。オリエンタルランド事件第一審の納税者
と課税当局の主張及びオリエンタルランド事件控訴審の追加的な検討事項に
ついては，括弧引用を用いて補足的に引用しながら分析する。

　まず，事案の概要を述べ，争点を明らかにし，オリエンタルランド事件第
一審の判断を整理する。そして，納税者と課税当局の主張を対比させながら
オリエンタルランド事件第一審を分析する。なお，請求人・原告・控訴人は
納税者，原処分庁・被告・被控訴人は課税当局に置き換えて記述する。


# 1　事案の概要

　千葉県浦安市で遊園施設の運営事業を営む納税者（オリエンタルランド）が，
①清掃業務委託料として，瑞穂総業，中央興発に支払った金額と実際に清掃
業務を実施した白青舎へ支払われた金額との差額（以下「清掃業務委託料差額」

---

[17]　税務訴訟資料260号（順号11548）【データベース名】TKC法律情報データベース
　　【文献番号】25460171【データベース閲覧日】平成29年8月1日。
[18]　税務訴訟資料261号（順号11732）【データベース名】TKC法律情報データベース
　　【文献番号】25471803【データベース閲覧日】平成29年8月1日。
[19]　税務訴訟資料262号（順号11966）【データベース名】TKC法律情報データベース
　　【文献番号】25464110【データベース閲覧日】平成29年8月1日。

という。）及び②事業に関係のある者等に交付した遊園施設への入場及びその施設の利用等を無償とする優待入場券（以下「本件優待入場券」という。）の使用に係る費用は，いずれも租税特別措置法第61条の４第１項に規定する交際費等に該当するとして，課税当局は平成11年３月期ないし平成17年３月期の法人税更正処分及び加算税賦課決定処分等（以下「本件更正処分等」という。）を行った。

本件優待入場券は，納税者（オリエンタルランド）が運営する遊園施設，東京ディズニーランド又は東京ディズニーシーへの入場及びその施設の利用等を無償にする納税者が発行する入場券である。本件優待入場券は，①納税者がその役員を通じて各種企業に交付する入場券（以下「本件役員扱い入場券」と

図附－２　オリエンタルランド事件（争点２）の概要

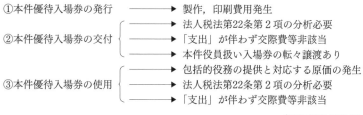

（図は筆者が作成）

いう。）と，②納税者がマスコミ関係者及びその家族に交付する（以下「本件プ
レス関係入場券」という。）の２種類がある。


＜争点＞
　　本件の争点は次のとおりである。
　　争点１：清掃業務委託料差額は交際費等に該当するか（省略）。
　　争点２：本件優待入場券の使用に係る費用は交際費等に該当するか。


## 2　オリエンタルランド事件第一審の判断と論点整理

＜オリエンタルランド事件第一審の分析方法とその指針＞
　　オリエンタルランド事件第一審の判断を引用し，筆者による若干の考察を
加えることにより，オリエンタルランド事件第一審の論点を整理する。なお，
オリエンタルランド事件第一審の分析には，交際費等分析フレームワークを
用いて，条文から導かれる３つの基準である「企業会計上の費用」，「事業に
関係のある者等」及び「支出の目的」の抽出と事実関係への当てはめを整理
し，条文から導かれる３つの基準以外の「その他の要素」の重要度，役割，
３つの基準との関係の明確化を試みる。


＜オリエンタルランド事件第一審の一般的判断事項（総合考慮説）＞
　　オリエンタルランド事件第一審は「……特定の費用が同項（筆者注：租税特
別措置法第61条の４第３項，現行の租税特別措置法第61条の４第４項）の交際費等に
当たるか否かを判断するに当たっては，個別の事案の事実関係に即し，その
支出の相手方，支出の目的及び支出に係る法人の形態を考慮することが必要
とされるものと解される」（下線は筆者）と議論する。
　　オリエンタルランド事件第一審は，筆者の知る限りすべての評釈が三要件
説に基づいて判断していると議論されるが，「……個別の事案の事実関係に
即し，①その支出の相手方，②支出の目的及び③支出に係る行為の形態を考
慮することが必要とされるものと解される」（附番・下線は筆者）と明確に議
論していて，三要件説ではなく，３つの要素を考慮して交際費等該当性を判
断すると述べているにとどまり，三要件説による判断の桎梏と矛盾を慎重に

回避していることに留意する。そして，オリエンタルランド事件第一審は③
の「行為の形態」についてはメルクマールを示していないのみならず，言及
さえしていないことに留意する。

　また，オリエンタルランド事件第一審は「……特定の費用が……（中略）
……の交際費等に当たるか否かを判断する」（下線は筆者）と議論していて，
「接待，供応，慰安，贈答その他これらに類する行為のために支出」（支出の
目的）や「接待，供応，慰安，贈答その他これらに類する行為」（行為の形態）
から離れた，役務提供に対応する費用の全部又は一部の交際費等該当性を念
頭に置き，「特定の費用」という特殊な言及をしていると考えられるが，租
税特別措置法第61条の4の文理解釈に照らして，「特定の費用」が交際費等
該当性を本当に満たすのかの検討が必要である。


＜本件優待入場券の交付と使用について＞
　オリエンタルランド事件第一審は，「……本件役員扱い入場券については，
納税者の役員等において重要な取引と判断した企業に対して交付し，本件プ
レス関係入場券については，全国紙の……（中略）……マスコミ関係者及び
その家族に交付していたこと，これらを使用する者は，納税者が運営する遊
園施設である東京ディズニーランド又は東京ディズニーシーに無償で入場し
てその施設の利用等をすることができること，上記各遊園施設は，①我が国
屈指の人気を得ているものであり，②その入場及び施設の利用等に係る入場
券の売価は，5000円前後であったことが認められる。」（附番と下線は筆者）と
議論している。

　オリエンタルランド事件第一審は本件優待入場券をその交付ルートにより
本件役員扱い入場券と本件プレス関係入場券に分け，本件役員扱い入場券
は「納税者の役員等が重要な取引先と判断した企業に交付」され，本件プレ
ス関係入場券は「全国紙の……（中略）……マスコミ関係者及びその家族に
交付」されていて，本件優待入場券の交付先は「その得意先，仕入先，そ
の他事業に関係のある者等」（事業に関係のある者等）であることを認定してい
る。さらに，本件優待入場券の使用に係る交際費等該当性の判断に当たって
は，①本件優待入場券の使用により利用できる遊園施設は非常に人気が高い
こと，②その売価が5000円前後であったことを重視していることから，オリ

エンタルランド事件第一審は本件優待入場券の交付よりも使用を中心に交際
費等該当性を考えていて，２つの要素が「接待，供応，慰安，贈答その他こ
れらに類する行為のために支出」（支出の目的）を補完する重要な要素である
と考えていることが分かる。


＜本件優待入場者への役務提供と提供する役務に係る原価の費用の支出は本
件優待入場券の使用であること＞
　オリエンタルランド事件第一審は「……原告においては，１日当たりの最
大入場可能数及び平均入場者数が，東京ディズニーランドにあっては７万人
及びおおむね４万人，東京ディズニーシーにあっては５万人及びおおむね
３万人であることを前提に，本件優待入場券を発行し，それを使用して入場
等をする者に対して有償入場券により入場等をする者に対するのと同等の役
務を提供することとして，施設の運営に当たっていたことが認められるとこ
ろ，……（中略）……本件優待入場券が現に使用されて遊園施設への入場等
がされたときに，その者に対し，納税者の提供する役務に係る原価のうちそ
の者に対応する分につき費用の支出があったものと認めるのが相当である。」
（下線は筆者）と議論している。
　オリエンタルランド事件第一審は，納税者が「本件優待入場券を発行し，
それを使用して入場等をする者」（以下「本件優待入場者」という。）と「有償入
場券により入場等をする者」（以下「本件有償入場者」という。）に同等の役務を
提供していて，本件優待入場券の使用時に，「役務に係る原価のうちその者
に対応する部分」を「費用の支出」と考えていて，交際費等該当性を判断し
ていることが分かる。また，オリエンタルランド事件第一審は，納税者が本
件有償入場者と本件優待入場者に「同等の役務を提供」していると考えてい
て，この事実を両者を均一に扱う根拠としていると考えられる。

＜本件優待入場券の発行と使用に係る役務提供に対応する原価の支出＞
　「納税者が本件優待入場券を発行してこれを使用させていたことについて
は，納税者の遂行する事業に関係のある企業及びマスコミ関係者等の特定の
者に対し，その歓心を買って関係を良好なものとし納税者の事業を円滑に遂
行すべく，接待又は供応の趣旨でされたと認めるのが相当であり，これを使

図附－6　法人の行為と役務提供，役務提供に対応する原価の関係

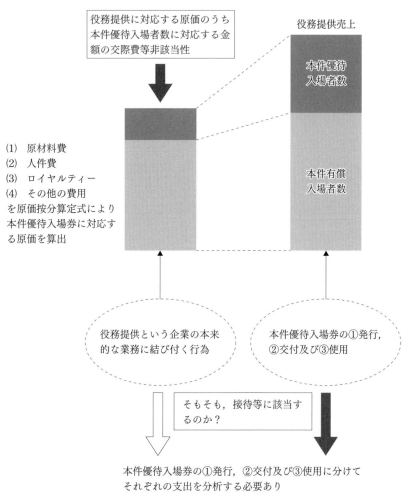

（図は筆者が作成）

用して入場等をした者に対して役務を提供するに当たり納税者が支出した上記の費用については，上記のような支出の相手方，支出の目的及び支出に係る行為の形態に照らし，措置法61条の4第3項（筆者注：現行の租税特別措置法第61条の4第4項）の交際費等に当たると認めるのが相当である。」（下線は筆者）と判示している。

オリエンタルランド事件第一審は，本件優待入場券の発行と使用による役務提供に対応する原価の支出は租税特別措置法第61条の4第4項の接待又は供応に該当すると考えている。

オリエンタルランド事件の本質は，「接待，供応，慰安，贈答その他これらに類する行為」が行われたのが，本件優待入場券の①発行のときなのか，②交付のときなのか又は（及び）③使用のときなのかであり，「役務に係る原価のうちその者に対応する部分」を「費用の支出」として交際費等該当性を

図附－7 本件原価按分算定式の分析

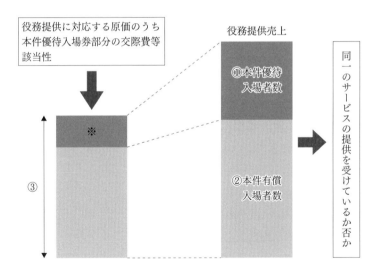

③法人の役務提供に対応 × ①本件優待入場者数 / （①本件優待入場者数＋②本件有償入場者数）
する原価の合計額

＝※本件優待入場者数に対応する原価の合計額

（図は筆者が作成）

判断できるか否かである。オリエンタルランド事件第一審は，本件優待入場券の発行，交付及び使用を包括的に「接待，供応，慰安，贈答その他これらに類する行為」と考えていることから，行為課税を本質とする交際費課税制度の考え方にふさわしいのか，更なる検討が必要である。

＜役務の提供を受ける者には無償で受けた者を含めるのが相当＞
　オリエンタルランド事件第一審は「……例えば1日といった単位となる期間においてその対象となる者が相当の多数にわたりあらかじめその数を確定することが困難であることを踏まえ，一定の見込みに立って，それらの者に対して包括して特定の役務を提供することを事業とする法人が，当該役務を現に提供し，かつ，当該役務の提供を無償で受ける者がこれを有償で受ける者と別異の取扱いをされていない場合，当該役務の提供に要した費用は，当該役務の提供を受けた者との関係においては，これを無償で受けた者を含め，対象となった者全員に対する当該役務の提供のために支出されたと見るのが相当である。」（下線は筆者）と議論する。
　「当該役務を現に提供し，かつ，当該役務の提供を無償で受ける者がこれを有償で受ける者と別異の取扱いをされていない場合，当該役務の提供に要した費用は，当該役務の提供を受けた者との関係においては，これを無償で受けた者」（下線は筆者）は有償入場券により入場した者とどのような差異があるのか，また，有償入場者数と本件優待入場者数を基礎にして，対応する原価を按分する計算式（以下「本件原価按分算定式」という。）の経済的合理性を認めることができるか，経済的合理性を認めることができないとすればその理由は何かが議論の中心になると考えられる。

＜役務提供に要した費用と法人のする特定の行為＞
　オリエンタルランド事件第一審は「……当該役務の提供に要した費用のうちこれを無償で受けた者に対応する分につきその全部又は一部が交際費等に当たるか否かを論ずることは，法人のする特定の行為について一定の政策的見地から法人税の課税の基礎となる所得の金額の計算に当たりそのために支出した費用の額を損金の額に算入しないものとすることによって抑制しようとする措置法61条の4の規定の趣旨と矛盾しない。」（下線は筆者）と判示する。

＜ロイヤルティーを本件原価按分算定式に含めることの合理性＞

　オリエンタルランド事件第一審は「……本性優待入場券を使用して入場等をする者は，有償入場券により入場等をする者と別異の取扱いをされることなく，……（中略）……ロイヤルティーの金額が有償入場券の売上げを基に計算されるとしても，それは，納税者の運営する遊園施設に入場等をした者全員に対する役務の提供につき必要となる費用であり，当該役務に係る原価を構成するものと評価し得る」（下線は筆者）と議論する。

　オリエンタルランド事件第一審は，有償入場者と本件優待入場者が遊園施設に入場後，平等に扱われていることをロイヤルティーの金額を含めて計算している本件原価按分算定式の合理性の理由としている。

＜オリエンタルランド事件第一審の論点整理＞

　以上，オリエンタルランド事件第一審の判断の論点は，次のように整理できる。

　第一に，オリエンタルランド事件第一審は本件原価按分算定式の合理性が争われていて，有償入場者と本件優待入場者が入場後に「同等の役務を提供されている」ことを理由に，その合理性を認めている。本件原価按分算定式の合理性の有無は役務提供に係る原価の交際費等該当性の判断とは基本的に別問題であることが重要である。

　第二に，オリエンタルランド事件第一審は，納税者が本件優待入場券を発行し，「その得意先，仕入先，その他事業に関係のある者等」（事業に関係のある者等）に交付し，本件優待入場者に使用させる一連の行為を包括的な役務提供（特定の行為）と考えていて，本件優待入場券の使用を中心に議論を組み立てている。そして，「特定の行為」を租税特別措置法第61条の4の「接待，供応，慰安，贈答その他これらに類する行為」（行為の形態）に含めることが正しいか否かの判断には，法人の支出の起因となる一つ一つの行為の更なる分析が必要である。

　最後に，「特定の行為」に対応する原価が交際費等に該当するかは，本件原価按分算定式の合理性とは全く別問題であり，法人の行為と「接待，供応，慰安，贈答その他これらに類する行為のために支出」（支出の目的）との関係を含めて，更なる検討が必要である。

## 3 本件原価按分算定式の合理性の検討

　Ⅲ3では，本件原価計算按分算定式の合理性の有無を検討する。まず，納税者の主張と課税当局の主張を引用しながら対比させ，Ⅲ2で論点整理をしたオリエンタルランド事件第一審の判断を踏まえて結論を述べる。

＜本件優待入場者の比率と余裕枠の議論＞
　納税者は租税特別措置法第61条の4についての一般論を述べた後，「……本件優待入場券による入場者の割合は，総入場者の0.2パーセント程度にすぎず，……（中略）……電鉄会社における優待乗車券と同様に，納税者が保有する遊園施設を余裕枠の範囲内において有償入場券による入場者を排除することなく使用させるにすぎない」と主張している。
　これに対して，課税当局は「『余裕枠』とは，納税者の遊園施設の1日当たりの最大入場可能者数と平均入場者数との差を意味すると解されるところ，実際には，本件優待入場券による入場者は，……（中略）……有償入場券による入場者を排除してサービスの提供を受ける」と主張している。
　納税者の遊園施設は極めて人気が高く，休日には入場制限が行われることもあることは度々報道されている。そして，本件優待入場者には世間に強い影響力を持つマスコミ関係者とその家族が含まれていることを考え併せると，本件優待入場者の一部は有償入場者を排除して優先入場し，役務提供を受けている可能性が極めて高いと考えられる。そうすると，納税者が主張する「余裕枠」（納税者の遊園施設の1日当たりの最大入場可能者数と平均入場者数との差）は，課税当局の主張どおり，少なくとも満員御礼札止めの休日にはそもそも存在しないことは明らかである。

＜無償入場券に係る固定費用と変動費用＞
　納税者は，「……人件費，営業資材費，エンターテイメント・ショー制作費，業務委託費，販促活動費，ロイヤルティー及びその他の費用の支出は……（中略）……本件優待入場券の製作，印刷費用を除いては，全く不変である」と主張している。
　これに対して課税当局は，「納税者が本件優待入場券による入場者にサー

ビスを提供することに伴い費用の支出がされており，これらの者の割合が小さいことと，これらの者に対する費用の支出がされていないこととは，次元の異なる問題」であると主張している。


＜八ッ尾順一の固定費と変動費に関する見解＞

　八ッ尾順一は，「交際費（ママ）を支出した（交際費課税が行われる）側での状況で計算すべき」[20] ことを根拠にして，納税者の主張を全面的に支持している。その議論には，納税者には余裕枠があるので無償入場者が増加しても固定費は不変という議論が根拠になっている。

　しかしながら，少なくとも顧客で溢れかえる休日にはこの議論が成立しないことは前述したとおり明らかであり，納税者の余裕枠の存在を前提にした「『優待入場券』は，『有償入場券』と異なり，『発行した法人』にとっては，当期の売上と直接関係しない入場券であるから，固定費とは直接リンクさせるべきではない」，「固定費は，売上に直接対応する費用であるから，有償入場券のみに対応させるべきで，もともと売上を想定していない優待券に対応させるべきではない」[21] という議論はその前提に誤りがあり，説得力に著しく欠けるものである。

　八ッ尾順一の主張は一貫していて，交際費等該当性の判断は「交際費（ママ）を支出した（交際費課税が行われる）側での状況で計算すべき」[22]，「……交際費課税は，接待等の行為があったときにその行為に対して課税すること，つまり一種の行為課税をその本質としているといわれている」[23] というものであるが，交際費課税の本質が行為課税にあることを根拠とするその主張には，首肯できる部分があると同時に，稚拙な部分が含まれている。

　交際費課税の本質は行為課税にあり，八ッ尾順一が主張するように行為者である接待等を行う法人を中心に考えるべきであり，接待等を受ける側の交際費等の支出の効果については，交際費等該当性の判断には無関係である。したがって，交際費等該当性は交際費等を支出した側だけで判断するべき

---

(20)　八ッ尾順一「優待入場券の無償交付と交際費課税」水野武夫先生古稀記念論文集刊行委員会編『行政と国民の権利』（2011年）595頁。
(21)　同上595頁。
(22)　同上595頁。
(23)　同上48〜49頁。

であることから，交付された本件優待入場券が転々譲渡され，「その得意先，仕入先，その他事業に関係のある者等」（事業に関係のある者等）以外の者が入場しても交際費等該当性の判断には無関係という主張は首肯できる。しかしながら，有償入場者と本件優待入場者が入場後に受ける役務が同一であることを根拠に，有償入場者数と本件優待入場者数を基礎にして対応する原価を按分計算することには高い合理性があり，交際費課税制度の本質は行為課税であるがゆえに，接待等を行う法人の行為を中心に考えるべきことは，接待等を行う法人側を中心に考えたとしても，本件原価按分算定式を否定する理論的根拠にはなり得ない。

＜本件原価按分算定式には経済的合理性あり＞

　問題の所在は，つまるところ，本件優待入場者数が増えたとしても，納税者の支出する人件費，営業資材費，エンターテイメント・ショー制作費，業務委託費，販促活動費，ロイヤルティー及びその他の費用（以下「人件費等」という。）が不変であることを，納税者が何らかの形で立証できるか否かに集約される。それは納税者側が理論的根拠を示すこと又は（及び）実証的データを提示することにより満たされる。

　これまでの検討結果から，①満員御礼札止めの休日には，一部の本件優待入場者は，とりわけ，マスコミ関係者とその家族は，有償入場者を排除して入場している可能性が極めて高いこと，②入場後には有償入場者と本件優待入場者は「同一の役務提供」を受けていることを考えると，本件優待入場者が増加しても人件費等が不変であることを明らかにすることは，原価計算の理論的根拠はもちろんのこと，実証的データを示す等は実務的にも不可能であり，納税者が証拠を提示できる可能性は極めて低いように思われる。

　そうすると，役務提供に対応する原価から除くことができるのは，課税当局が主張するように，①グッズ商品売上に対応する原価や飲食売上に対応する原価等明らかに法人の本来的な役務に対応しないものや，②減価償却費のように，法人税法上の適正な所得金額の算定のために，法令の規定にしたがって取得価額の期間按分を擬制し，減価償却費として費用化するような性格のもの以外は，すべて本件原価按分算定式の対象になるものと考えられる。したがって，本件原価按分算定式は，課税当局が主張し，オリエンタルラン

ド事件第一審が認めたように，極めて合理性が高いと考えられる。

<納税者の接待等の行為に関する主張>

　納税者は「交際費等を，交際費，接待費，機密費その他の費用で，法人がその事業に関係する者等に対する接待等のために支出するものをいうと定義し，接待等のために支出された費用でなければ，そもそも定義上，交際費等に該当しないことを明らかにしている。」と交際費課税制度の一般論を主張するのみであり，法人による「接待，供応，慰安，贈答その他これらに類する行為のために支出」の起因になる行為と「接待，供応，慰安，贈答その他これらに類する行為のために支出」との結び付きについて明確な分析と主張を行っていない。

　納税者が遊園施設の提供という包括的な役務提供を行い，本件優待入場者数に対応する部分に係る原価の交際費等該当性について一切具体的な主張を行わず，唐突に，本件原価按分算定式の経済的非合理性に関する主張をしていることがオリエンタルランド事件の納税者全面敗訴の原因である。また，「本件優待入場券の交付は，上記製作，印刷費用を除き，何らの金銭の出捐を伴わないのであるから，上記製作，印刷費用以外の費用は，そもそも交際費等に該当しない。」（下線は筆者）と主張していることから，納税者は本件優待入場券を接待等の相手方に交付するときを接待等が行われたときと考えていると思われる。また，製作，印刷費用が発生するのは，接待等の相手方に本件優待入場券を交付したときではなく，正確には本件優待入場券を発行したときであると考えられるところ，納税者による本件優待入場券の発行と「接待，供応，慰安，贈答その他これらに類する行為」の相手方への本件優待入場券の交付とを混同し，議論の要である本件優待入場券を顧客等に使用させる行為と「接待，供応，慰安，贈答その他これらに類する行為のために支出」との関係については明確な主張を行っていない。したがって，①法人の一つ一つの行為と「接待，供応，慰安，贈答その他これらに類する行為のために支出」との結び付きに関する主張を行わなかったこと，そして，唐突に，②根拠のない本件原価按分算定式の経済的非合理性に関する主張を行ったことがオリエンタルランド事件の納税者敗訴に繋がったと考える。

<課税当局の接待等の行為のときに関する主張>

　「交際費等とは，接待等のために支出するものであるから，本件優待入場券の使用に係る費用の支出の時期（接待等があったとき）は，本件優待入場券を現に使用したとき，すなわち，特定の事業関係者が納税者の遊園施設を利用したときである。そうすると，本件優待入場券の使用に伴い納税者が支出する交際費等の額は，本件優待入場券が使用されたことに伴い納税者が支出したと認められる費用の額（原価）といえる」と主張している。課税当局が自ら認めるように，実際に本件優待入場券を使用しているのは本件優待入場券を交付した接待等の相手方であり，納税者ではない。つまり，課税当局の主張には，「本件優待入場券の使用に伴い納税者が支出する交際費等の額」という，法人の行為と支出の結び付きについて著しい論理的な飛躍がある。したがって，法人の一つ一つの行為と支出金額が直接結び付かない限り「接待，供応，慰安，贈答その他これらに類する行為のために支出」には該当しないのが原則であると考えられ，法人の一つ一つの行為が「接待，供応，慰安，贈答その他これらに類する行為」に該当し，かつ，それぞれの行為が「接待，供応，慰安，贈答その他これらに類する行為のために支出」に直接結び付かない限り「接待，供応，慰安，贈答その他これらに類する行為のために支出」には該当しないと考えられる。

<法人の行為と「接待等のために支出」との関係の正しい分析方法>

　以上検討したように，行為の一つ一つがどのような目的で行われ，どのような支出に結び付いているかを十分に検討した上で，法人の一つ一つの行為の交際費等該当性を判断する必要がある。

　納税者が，①本件優待入場券を発行する，②本件優待入場券を得意先等に交付する及び③本件優待入場券を得意先等に使用させ，得意先等は娯楽施設を利用等するという３つの行為を，納税者，課税当局及びオリエンタルランド事件第一審はすべてを一連の行為として議論しているところに誤った結論を導いた最大の原因がある。したがって，Ⅲ４では納税者が本件優待入場券を発行し，得意先等に交付し，得意先等に本件優待入場券を使用させる行為について詳細に分析する。

## 4　本件優待入場券の発行，交付及び使用させる行為の分析

＜本件優待入場券の発行について＞

　納税者が本件優待入場券を発行する行為の本来の目的は，本件優待入場券を製作，印刷することそのものが本来の目的であり，本件優待入場券の製作，印刷にはそれぞれ製作，印刷費用の支出を伴う。本件優待入場券を発行する行為を「接待，供応，慰安，贈答その他これらに類する行為」そのものととらえるよりも，本件優待入場券を得意先等に交付する行為に必要不可欠な又は本件優待入場券を得意先等に交付する行為と密接不可分の行為ととらえる方が自然であると考える。したがって，本券優待入場券を発行する行為が，仮に「接待，供応，慰安，贈答その他これらに類する行為」に該当しないとしても，次に分析する本件優待入場券を得意先等に交付する行為が，「接待，供応，慰安，贈答その他これらに類する行為」に該当することから，本件優待入場券を発行するための費用である製作，印刷費用は，納税者が自ら認めるように，「接待，供応，慰安，贈答その他これらに類する行為のために支出」に該当すると考えらえる。

＜本件優待入場券の交付について＞

　筆者は，基本的に，本件優待入場券を得意先等に交付したときが「接待，供応，慰安，贈答その他これらに類する行為」のときと考える。本件優待入場券を交付した相手方が「その得意先，仕入先，その他事業に関係のある者等」（事業に関係のある者等）に該当しなければ交際費等には該当しない。「その得意先，仕入先，その他事業に関係のある者等」（事業に関係のある者等）は条文から導かれる3つの基準のうちの1つであることに留意する。

＜本件優待入場券の交付先について＞

　課税当局は本件優待入場券の交付先について，「本件役員扱い入場券は，納税者の役員又は部長の判断で特に重要な得意先に交付していること，役員が私的に使用している事実も認められないこと，本件プレス関係入場券は，納税者が特に選定したマスコミ関係者に対して発送した招待状を持参した者及びその家族に対して交付している」と主張しているが，納税者はこれ

といった反論をしていないように考えられる。そして、オリエンタルランド事件第一審も、課税当局の主張に沿った判断を下していて、本件優待入場券の交付先が「その得意先、仕入先、その他事業に関係のある者等」（事業に関係のある者等）であることについては争いがないものと考えられる。

＜オリエンタルランド事件第一審の重視した要素＞
　オリエンタルランド件第一審は、「……上記各遊園施設は、①我が国屈指の人気を得ているものであり、②その入場及び施設の利用等に係る有償入場券の売価は、5000円前後であったことが認められる。」（附番と下線は筆者）と議論していて、本件優待入場券の交付と使用の交際費等該当性の判断に当たっては、①本件優待入場券の使用により利用できる遊園施設は非常に人気が高いこと、②その売価が5000円前後であったことを重視していることから、オリエンタルランド事件第一審は本件優待入場券の交付と使用の両方について交際費等該当性を考えていて、①本件優待入場券の著名性と②本件優待入場者の高額性の２つの要素を「接待、供応、慰安、贈答その他これらに類する行為のために支出」（支出の目的）を補完する要素と考えていることが分かる。
　本件優待入場券を交付する行為は「無償の資産の譲渡」又は「無償の役務の提供」に該当すると考えられるところ、法人税法第22条第2項に基づく分析は、次のⅢ5で行う。

＜課税当局の主張する本件優待入場券を使用させる行為＞
　課税当局は「……その交付は、これを受けた特定の得意先又はマスコミ関係者の歓心を買うとともに、これらの者に対するその利用による慰安のために行った接待又は贈答であるから、本件優待入場券の使用に係る費用は、その支出の原因となる行為の形態が接待等に当たる」（下線は筆者）と主張していて、得意先等が本件優待入場券を使用したときが接待等のときであり、「本件優待入場券の使用に係る費用」が「接待等のために支出」としながらも、「その支出の原因となる行為」、つまり、本件優待入場券の交付を接待等と考えていて、「……行為の形態が接待等に当たる。」として三要件説の「接待、供応、慰安、贈答その他これらに類する行為」（行為の形態）をも満た

していると主張している。課税当局の主張は，本件優待入場券の発行，交付
及び使用という一連の行為とそれに対応して発生する費用をすべて一緒に考
えていて，オリエンタルランド事件第一審もそれに沿った判断を下している。

＜納税者の主張する本件優待入場券を交付し，使用させる行為＞
　この論点に関し，オリエンタルランド事件第一審で最も問題があるのは，
本件優待入場券を交付し，使用させる行為に係る納税者の主張である。納税
者は「本件優待入場券の交付は，上記製作，印刷費用を除き，何ら金銭の出
捐を伴わないのであるから，上記製作，印刷費用以外の費用は，そもそも
交際費等に該当しない。」と主張するのみであり，法人の一つ一つの行為が
「接待，供応，慰安，贈答その他これらに類する行為」に該当する行為が含
まれているか否か，「接待，供応，慰安，贈答その他これらに類する行為の
ために支出」に該当する支出があるのか，そして何よりも「本件優待入場券
の使用に係る費用」の本質的な部分についての明確な分析と主張を怠ってい
ることがオリエンタルランド事件第一審の納税者敗訴の原因である。

＜本件優待入場券を使用する主体は法人ではないこと＞
　そもそも，本件優待入場券を使用する主体は本件優待入場券の交付を受け
た得意先等であるところ，本件優待入場券を得意先等に使用させ，遊園施設
を利用等させる行為を法人の「接待，供応，慰安，贈答その他これらに類す
る行為」ととらえ，本件優待入場券売上に対応する原価を「接待等のために
支出」ととらえることには，文理解釈上，大きな問題があり，著しい論理的
飛躍がある。
　とりわけ，本件役員扱い入場券については，市場価値が5000円前後である
ことから市場で転々譲渡され，場合によってはチケット業者を経て，全くの
第三者が使用することも可能である。したがって，納税者の従業員や役員が
選んだ得意先等以外の者が入場する場合も多々あると考えられる。したがっ
て，課税当局とオリエンタルランド事件第一審が議論の基本に据えている，
①本件優待入場券を発行し，②得意先等に交付し及び③得意先等に使用させ
る一連の行為が必ずしも同一の行為者によるものでないことは，本件優待入
場券に係る費用の交際費等非該当性の理由の有力な根拠の１つに挙げられる。

＜本件優待入場券の発行，交付及び使用の分析＞

　そして，本件優待入場券の発行，交付及び使用は，法人の一つ一つの行為が「接待，供応，慰安，贈答その他これらに類する行為」に該当するか否かを判断し，仮に，法人のそれぞれの行為が「接待，供応，慰安，贈答その他これらに類する行為」に該当するとすれば，「接待，供応，慰安，贈答その他これらに類する行為のために支出」があるか否かを一つ一つの行為ごとに内容検討しなければならない。本件優待入場券の発行のための支出は製作，印刷費用であり，本件優待入場券の交付は「接待，供応，慰安，贈答その他これらに類する行為」に該当するが，「接待等のために支出するもの」は存在しない。さらに，本件優待入場券を得意先等に使用させ，遊園施設を利用させる行為は，そもそも法人の行為に該当せず，「接待，供応，慰安，贈答その他これらに類する行為」にも当然ながら該当せず，仮に法人の行為に該当するとしても，本件優待入場券に対応する売上原価は，本件原価按分算定式により対応する費用を合理的に集計計算した結果にすぎず，「接待，供応，慰安，贈答その他これらに類する行為」に該当しない。

＜「本件優待入場券の使用に係る費用」の分析＞

　課税当局が主張し，オリエンタルランド事件第一審が判断した「本件優待入場券の使用に係る費用」は「接待，供応，慰安，贈答その他これらに類する行為」を起因とする支出ではない。したがって，「接待，供応，慰安，贈答その他これらに類する行為のために支出」は，製作，印刷費用以外は発生していない。

　原材料費，人件費，ロイヤルティー，その他の費用は遊園施設運営という役務提供を事業とする納税者の本来的，基本的な活動を行うための費用であり，本件優待入場券を発行し，得意先等に交付し，得意先等に使用させ遊園施設を利用するための支出ではない。本件優待入場券の発行，交付及び使用に対応する売上原価は経済的合理性が極めて高い本件原価按分算定式により計算されている。しかしながら，本件優待入場券の発行，交付及び使用に対応する売上原価の起因となる行為は「接待，供応，慰安，贈答その他これらに類する行為」に該当しないことに加えて，「接待，供応，慰安，贈答その他これらに類する行為」に必要不可欠な行為でも，「接待，供応，慰安，贈

答その他これらに類する行為」と密接不可分な行為でもない。したがって，本件優待入場券の発行，交付及び使用に対応する売上原価は原価計算の結果にすぎず，本件優待入場券の発行，交付及び使用に対応する売上原価は「接待，供応，慰安，贈答その他これらに類する行為のために支出」に該当しない。

　以上，本節では本件優待入場券の発行，交付及び使用させる行為を分析した。法人の行為はその一つ一つが「接待，供応，慰安，贈答その他これらに類する行為」に該当するか否かを判断する必要があり，それぞれの行為を起因とする「接待，供応，慰安，贈答その他これらに類する行為のために支出するもの」が存在すれば交際費等に該当する。本件優待入場券の発行，交付及び使用させる一連の行為を包括的にとらえ，「特定の行為」に対応する原価をとらえて，「接待等のために支出」と考えるのは，文理解釈上，誤りである。


## 5　本件優待入場券の交付と法人税法第22条第２項の適用関係

　Ⅲ５では，筆者が「接待，供応，慰安，贈答その他これらに類する行為」が行われたと考える本件優待入場券の得意先等への交付と法人税法第22条第２項の適用関係を考察する。

　筆者は，納税者が遊園施設を利用できる本件優待入場券を得意先等に使用させたときではなく，交付したときに「接待，供応，慰安，贈答その他これらに類する行為」に該当し，「接待，供応，慰安，贈答その他これらに類する行為のために支出するもの」があれば交際費等に該当すると考えていて，そのためには法人税法第22条第２項の適用可能性の検討が必須であると考えているが，類似した先行研究は存在する。

　佐藤孝一は，納税者が本件優待入場券を得意先等に交付したとき又は得意先等に本件優待券を使用させることにより得意先等が遊園施設を利用等する

ときに，法人税法第22条第2項が適用される可能性を議論している[24]。

<＜本件優待入場券の使用と法人税法第22条第2項の適用可能性＞

　本判決（筆者注：オリエンタルランド事件第一審）は，「本件優待入場券が現に使用されて遊園施設への入場等がされたときに，その者に対し，X会社の提供する役務に係る原価のうちその者に対応する分につき費用の支出があったものと認めるのが相当であ」り，同費用については，「措置法61条の4第3項の交際費等に当たると認めるのが相当である」と……（中略）……課税処分を適法と判断したものであるが，疑問があるといわざるを得ない[25]。

　佐藤孝一は，得意先等が交付された本件優待入場券を使用することにより，遊園施設を利用等したときに発生する費用のうち，本件優待入場者に提供される役務に対応する原価をオリエンタルランド事件第一審が交際費等と認定したことに疑問を持っていると述べる。

　佐藤孝一が提示する論点は2つある。1つ目は，納税者が得意先等に本件優待入場券を交付したときに「接待，供応，慰安，贈答その他これらに類する行為」が発生するのか，納税者が得意先等に本件優待入場券を使用させ，遊園施設を利用するときに「接待，供応，慰安，贈答その他これらに類する行為のために支出」が発生するか否かである。2つ目は，得意先等が本件優待入場券を使用し，遊園施設を利用したときに，本件優待入場者に提供される役務に対応する原価が交際費等に該当するか否かである。

　佐藤孝一は本件優待入場券を得意先等へ交付し，得意先等に本件優待入場

---

[24]　藤曲武美（藤曲武美「特集―交際費等を巡る諸問題―優待入場券の無償交付，業務委託料差額は交際費等に該当するとした事例」『月刊　税務事例』42巻9号（2010年）20-24頁，藤曲武美「優待券の交付と交際費等課税」『税務弘報』64巻6号（2016年）151-156頁）は，佐藤孝一（佐藤孝一「関係企業及びマスコミ関係者等に対する無料優待入場券の交付と交際費等課税―法人税の所得計算構造からの検討―」『月刊　税務事例』43巻9号（2011年）7-12頁）と同様に納税者が本件優待入場券を得意先等に交付することが無償の資産譲渡等に該当し，法人税法第22条第2項の適用可能性を議論するが，明確な分析はしていない。
[25]　佐藤孝一「関係企業及びマスコミ関係者等に対する無料優待入場券の交付と交際費等課税―法人税の所得計算構造からの検討―」『月刊　税務事例』43巻9号（2011年）11頁。

券を使用させ，遊園施設を利用する行為と法人税法第22条第2項の関係について次のような議論を展開する。

<blockquote>

＜佐藤孝一が整理する法人税法第22条第2項の適用関係＞

　　争点2の課税要件は，（納税者が）本件遊園施設に無償で入場し，無償でその施設の利用等をすることができる<u>権利（債権）を表彰（ママ）する本件優待入場券を交付したこと又は本件優待入場券による入場及び施設の利用等</u>が法人税法22条2項にいう「無償による資産の譲渡」又は「無償による役務の提供」に該当すること（である。）（下線と括弧書きは筆者）[26]。

</blockquote>

　佐藤孝一は納税者が得意先等に「権利（債権）を表彰（ママ）する本件優待入場券を交付したこと又は（顧客等が）本件優待入場券による入場及び施設の利用等」（括弧書きは筆者）をしたときのどちらかが「接待，供応，慰安，贈答その他これらに類する行為」のときと考えているが，どちらが接待等の行為に該当するかについては明確な議論をしていない。

　佐藤孝一が整理するように，納税者が得意先等に権利（債権）を表章する本件優待入場券を交付したときが，法人税法第22条第2項に規定する「無償による資産の譲渡」に該当し，いったん，益金の額に算入される，又は顧客等が本件優待入場券による入場及び施設の利用等をしたときが，法人税法第22条第2項に規定する「無償による役務の提供」に該当し，いったん，益金に計上されると整理するべきである。

　最終的には，得意先等が本件優待入場券による入場及び施設の利用等をしたときが法人税法第22条第2項に規定する「無償による役務の提供」に該当して益金に計上されるのではなく，納税者が得意先等に権利（債権）を表章する本件優待入場券を交付したときが，法人税法第22条第2項に規定する「無償による資産の譲渡」及び交際費等に該当する可能性を検討する必要があると考える。

---

[26]　佐藤・前掲注(25)11頁。

＜本件優待入場券を交付したときの法人税法第22条第2項の適用関係について＞

　佐藤孝一が整理するように，納税者が権利（債権）を表章する本件優待入場券を交付したときに「接待，供応，慰安，贈答その他これらに類する行為」があるか否かを考えるべきであり，法人税法第22条第2項の「無償による資産の譲渡」が適用されると考える。

　そうすると，法人税法第22条第2項の「無償による資産の譲渡」が適用されることにより，市場価値が5000円前後の本件優待入場券の対価は，対価の流入の有無にかかわらず，いったん，「接待，供応，慰安，贈答その他これらに類する行為」を行った法人の益金の額に算入される。そして，支出の目的に「接待，供応，慰安，贈答その他これらに類する行為のために支出」の要素が含まれていれば交際費等該当性を検討する必要があるが，寄附金，広告宣伝費，販売促進費等該当性も同時に検討する必要がある。さらに，納税者が得意先等に権利（債権）を表章する本件優待入場券を交付することは，金銭，棚卸資産等の出捐，つまり，法人の資産が減少する行為には該当しないことから，「接待，供応，慰安，贈答その他これらに類する行為のために支出するもの」には該当しないことは明らかである。したがって，納税者が得意先等に権利（債権）を表章する本件無償優待券を交付する行為は交際費等に該当する可能性はあるが，「接待等のために支出するもの」に明らかに該当しないことから，交際費等には該当しないことに留意する。

＜遊園施設の利用等をしたときの法人税法第22条第2項の適用関係について＞

　法人が得意先等に本件優待入場券を使用させ，得意先等が遊園施設を利用等する行為は，法人の行為にそもそも該当しないので，「接待，供応，慰安，贈答その他これらに類する行為」に該当しないと考えられる。

　仮に，法人が得意先等に本件優待入場券を使用させ，得意先等が遊園施設を利用等する行為が法人の行為に該当すると仮定し，法人が得意先等に本件優待入場券を使用させ，得意先等が遊園施設を利用等する行為を法人税法第22条第2項により，いったん，益金として認識するとしても，金銭，棚卸資産の出捐が伴わないので，「接待，供応，慰安，贈答その他これらに類する行為のために支出するもの」に該当しないことから，交際費等には該当しないことは明らかである。

＜佐藤孝一の法人税法第22条第２項に関する議論＞

　佐藤孝一は，顧客等が本件優待入場券を使用し，遊園施設を利用等する行為について，法人税法第22条第２項により認識された収益そのものではなく，収益に対応する費用（収益の支出）が「交際費等」に該当することを交際費等の課税要件と考えていて，次のように議論する。

　　＜収益に対応する費用の交際費等該当性＞
　　　納税者が役務を提供するために支出した各費用（その集積である原価）は，いずれも，上記の「認識された収益に対応する費用」に当たらないのみならず，納税者がその役務を提供するために要した各費用の支出は，提供を受けた労務の対価（人件費），購入した営業資材の対価（営業資材費），エンターテイメント・ショー制作の対価（エンターテイメント・ショー制作費），委託した業務の対価（業務委託費），ロイヤルティーの対価等としてなされたものであるから「接待等のために支出するもの」，「接待又は供応の趣旨でされたもの」に該当（しない）。（下線と括弧書きは筆者）[27]

　佐藤孝一は，法人が得意先等に本件優待入場券を使用させ，得意先等が遊園施設を利用等する行為を法人税法第22条第２項に規定する「無償による役務の提供」による収益として認識するとしても，課税当局が認定し，オリエンタルランド事件第一審が認めた「役務を提供するために支出した各費用（その集積である原価）」，つまり，本件優待入場券[28]に対応する原価を「認識された収益に対応する費用」には当たらないと考えている。さらに，佐藤孝一は各費用の内容を分析し，各費用が「接待等のために支出するもの」，「接待又は供応の趣旨でされた」ものに該当しない旨を述べる。

　佐藤孝一は，何故，「役務を提供するために支出した各費用（その集積である原価）」，つまり，本件優待入場者数に対応する原価が「認識された収益に

---

[27]　同上11〜12頁。
[28]　佐藤孝一は本件優待入場券により議論を進めるが，本件優待入場券は死蔵されたり，本件役員扱い入場券の場合，転々譲渡により紛失される場合もあるので，厳密には本件優待入場者数とは異なることから，本件優待入場者数に統一して議論を進める。

対応する費用に当たらない」[29]と考えるのかその理由を明確に述べていない。

　本件優待入場者数に対応する原価が「認識された収益に対応する費用」，つまり，売上原価（集計された原価）に該当するか否かは，法人の行為を起因として支出された費用の交際費等該当性の判断とは無関係であり，別問題である。「役務を提供するために支出した各費用（その集積である原価）」は本件原価按分算定式に基づいた原価計算の集計結果にすぎない。そして，本件優待入場者数に対応する原価が「認識された収益に対応する費用」に該当するか否かは，本件原価按分算定式に経済的合理性があるか否かの問題であり，交際費等該当性の議論とは無関係である。

　また，佐藤孝一は，それぞれの原価を構成する各費用が「接待等のために支出するもの」，「接待又は供応の趣旨でされた」ものに該当しない旨を述べるが，租税特別措置法第61条の4第4項に規定されているのは，「接待又は供応の趣旨でされたもの」ではなく，「接待，供応，慰安，贈答その他これらに類する行為のために」（支出の目的）であるか否かである。分析すべきはそれぞれの原価を構成する費用の起因となる法人の一つ一つの行為が「接待，供応，慰安，贈答その他これらに類する行為」に該当するか否かである。したがって，各費用の起因となる法人の一つ一つの行為が「接待，供応，慰安，贈答その他これらに類する行為」に該当せず，包括的な役務の提供という法人の本来の業務活動に基づく行為であり，金銭，棚卸資産の出捐，つまり，法人の資産の減少を伴わないので，「接待等のために支出するもの」にも該当しない旨を明確に説明する必要がある。

　さらに，各費用の起因となる法人の一つ一つの行為が①「接待，供応，慰安，贈答その他これらに類する行為」に該当せず，②「接待，供応，慰安，贈答その他これらに類する行為」と密接不可分，「接待，供応，慰安，贈答その他これらに類する行為」に必要不可欠な行為にも該当しないことから，「接待等のために支出」に該当しない旨を丁寧に説明する必要がある。

---

[29]　佐藤・前掲注[25]12頁。

# Ⅳ　結論

　この論文の目的は，オリエンタルランド事件の分析を通じて，法人が行う対価の収受を伴わない役務提供に対応する原価の交際費等非該当性を明らかにし，租税特別措置法第61条の4に規定する交際費等の判断基準を明確化することであった。

　オリエンタルランド事件における法人が行う対価の収受を伴わない役務提供に対応する原価は，合理性の高い本件原価按分算定式に基づいて行われた原価計算の集計結果にすぎない。本件原価按分算定式の合理性は高く，納税者の主張は排斥されるべきであり，本件原価按分算定式で選択された要素もそれぞれ適切である。しかしながら，法人が行う対価の収受を伴わない役務提供に対応する原価は交際費等に該当しない。何故ならば，対価の収受を伴わない役務提供に対応する原価の起因になる一つ一つの行為は，遊園施設の運営という法人の基本的な経済活動を構成する行為であり，「接待，供応，慰安，贈答その他これらに類する行為」に該当せず，「接待，供応，慰安，贈答その他これらに類する行為のために支出するもの」の起因になる行為に該当しないことは明らかであるからである。

　法人が①本件優待入場券を発行し，②役員に交付（配付）し，③役員から本件優待入場券を譲り受けた得意先等が，本件優待入場券をそれぞれ使用する行為は，その一つ一つが「接待，供応，慰安，贈答その他これらに類する行為」に該当するか否かを個別に検討しなければならない。そして，それぞれの行為を起因として，金銭，棚卸資産の出捐による法人の資産の減少が生じなければ，「接待，供応，慰安，贈答その他これらに類する行為のために支出するもの」には該当しない。②役員に交付（配付）し，③役員から本件優待入場券を譲り受けた得意先等が，本件優待入場券をそれぞれ使用する行為には，法人税法第22条第2項が適用され，いったん，「無償の資産の譲渡」又は「無償の役務の提供」が益金の額に算入されるとしても，「支出」を伴わないので交際費等に該当せず，広告宣伝費，販売促進費等に該当する。

　「接待，供応，慰安，贈答その他これらに類する行為」に該当しない行為を起因とする支出が，「接待，供応，慰安，贈答その他これらに類する行為

②と③の前提になる条文
から導かれる基準

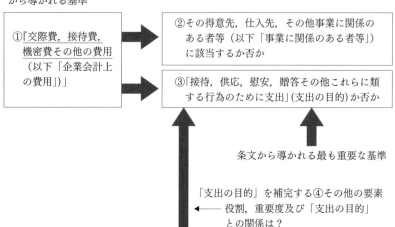

①『交際費，接待費，
　機密費その他の費用
　（以下「企業会計上
　の費用」）』

②その得意先，仕入先，その他事業に関係の
　ある者等（以下「事業に関係のある者等」）
　に該当するか否か

③「接待，供応，慰安，贈答その他これらに類
　する行為のために支出」（支出の目的）か否か

条文から導かれる最も重要な基準

「支出の目的」を補完する④その他の要素
役割，重要度及び「支出の目的」
との関係は？

④その他の要素（「事業に関係のある者等」を
　補完する要素も含む）

・「接待，供応，慰安，贈答その他これらに類する
　行為」（行為の形態）であるか否か
・接待等の相手方の認識（利益や便宜の供与の最
　低限の認識が必要）

（図は筆者が作成）

のために支出するもの」に例外的に該当する行為とは，一つ一つの法人の行為が「接待，供応，慰安，贈答その他これらに類する行為」と密接不可分か，「接待，供応，慰安，贈答その他これらに類する行為」に必要不可欠な場合に限定される。そして，「接待，供応，慰安，贈答その他これらに類する行為のために支出」に例外的に該当する行為は，その一つ一つの行為について慎重に判断される必要がある。

　課税当局及びオリエンタルランド事件第一審は「その他これらに類する行為」のメルクマールを示していない。交際費等該当性の判断は，租税特別措置法第61条の4第4項の厳密な文理解釈に基づいて行われるべきであり，接待等を行う法人の行為を中心に分析するべきである。

　接待等を行う法人による「利益の供与」は，法人による「接待，供応，慰

安，贈答その他これらに類する行為のために支出」から生じる当然の経済的効果にすぎず，条文から導かれる３つの基準を補完する「その他の要素」にもなり得ない。

　三要件説は「接待，供応，慰安，贈答その他これらに類する行為のために支出」（支出の目的）を「接待等の行為により事業関係者等との間の親睦の度を密にして取引関係の円滑な進行を図るためであること」に言い換えていて，支出の目的が条文の規定から大きく離れ，広く解釈されている。

　条文から導かれる３つの判断基準のうち，最も重要な支出の目的は，「接待，供応，慰安，贈答その他これらに類する行為のために支出」の厳密な文理解釈により判断されるべきであり，三要件説に基づいて「接待等の行為により事業関係者等との間の親睦の度を密にして取引関係の円滑な進行を図るためであること」により判断することは誤りである。また，安易に課税要件の数を増やす，課税要件に修正を加えることは根本的な誤りである。

　交際費等該当性は租税特別措置法第61条の４第４項の徹底した文理解釈に基づいて，交際費等分析フレームワークに基づいて行われるべきである。交際費等該当性は①「交際費，接待費，機密費その他の費用」（企業会計上の費用），②「その得意先，仕入先，その他事業に関係のある者等」（事業に関係のある者等）及び③「接待，供応，慰安，贈答その他これらに類する行為のために支出」（支出の目的）の条文から導かれる３つの基準により判断するべきである。

　オリエンタルランド事件第一審及びオリエンタルランド事件控訴審は「接待，供応，慰安，贈答その他これらに類する行為」（行為の形態）を提示するにとどめていて，「その他これらに類する行為」のメルクマールを提示していないのみならず，言及さえしていないことから，通説とされる三要件説に基づいて交際費等該当性を判断していない。

　交際費等該当性の判断は租税特別措置法第61条の４第４項の文理解釈，つまり，交際費等分析フレームワークに基づいて行われるべきであり，総合考慮説に基づいたオリエンタルランド事件第一審の判断，そして，それを追認したオリエンタルランド事件控訴審の判断は誤りである。

以上

## ▨著者紹介

細川　健〔ホソカワ　タケシ〕

東京国税局勤務後，税理士登録。外国法事務弁護士事務所顧問税理士，
外資系金融機関タックス・マネジャー，国立及び私立大学・大学院で租
税法と国際租税法を担当，国税不服審判所国税審判官を経て，再度，税
理士登録。営業権（のれん），M&A，国際税務関係及び交際費課税制度
関係の論文を多数執筆。
趣味はプロレス，相撲，お笑い鑑賞，広島カープ。
連絡先：taxmania55@gmail.com
HP: https://taxmania55.com/

facebook: https://www.facebook.com/
　　　　profile.php?id=100050497809343

## ▨租税法修士論文の書き方　　　　　　　〈検印省略〉

▨発行日——2020年3月22日　初版発行
　　　　　　2024年10月6日　初版6刷発行

▨著　者——細川健（ほそかわたけし）
▨発行者——大矢栄一郎
▨発行所——株式会社 白桃書房
　　　　〒101-0021
　　　　東京都千代田区外神田5-1-15
　　　　TEL 03-3836-4781　FAX 03-3836-9370
　　　　https://www.hakutou.co.jp/

▨印刷／製本——アベル社